이상한 나라, **대한민국**

이상한 나라
대한민국

몸은 한국인 정신은 조선인

최 범

기파랑

전근대와 근대의 모순 사이에서

이 책은 문명사의 관점에서 본 대한민국론이다. 대학을 다니던 1980년대는 사회과학의 시대였다. 사회학은 우리 시대의 중심학문(die zentrale Wissenschaft)이라는 아놀드 하우저의 말을 가슴에 새기며 살았다. 한국 사회에 대한 현실적 인식과 학문의 실천성이 강조되던 시대였다. 비록 시각예술(디자인)과 인문학(미학)이라는 말랑말랑한(?) 분야를 공부했지만, 나 역시 그러한 시대정신에 일치되는 삶을 살고자 노력했다. 1980년대는 한국 사회의 레짐이 우파의 권위주의로부터 좌파의 민중주의로 전환되던 시대였다. 87년 6월항쟁 때는 학교 건물 옥상에서 태극기를 휘날리기도 했다. 대학원을 졸업한 뒤에는 민중문화운동과 시민운동에 뛰어들었다. 항상 사적 이해보다도 공적 관심을 앞세우며 살았다고 자부한다.

그때까지 한국 사회를 보는 나의 관점은 '독재 대 민주'의 구도를 가지고 있었다. 우파는 독재 세력이고 좌파는 민주 세력이라고 보았다. 하지만 문재인 정권을 겪으면서 이러한 구도에 의문이 가기 시작했다. 특히 세월호 참사를 다루는 방식이나 위안부 소녀상 숭배 등을 보면서 커다란 혼란에 빠지게 되었다. 이것은 독재도 민주도 아닌 그냥 전근대적인 현상이었기 때문이다. 한국 사회를 보는 나의 관점을 근본적으로 바꾸지 않으면 안 되었다.

이제 적어도 한국 사회를 '독재 대 민주'의 구도로 이해할 수는 없었다. 좌파의 운동에 의해서건 우파의 타협에 의해서건 한국 사회는 일정하게 민주화되었고 이제 선진화만이 남았다고 생각했다. 하지만 늘어만 가는, 합리적으로 이해할 수 없는 현상들은 기존의 사고틀을 뛰어넘는 인식틀을 요구했다. 그러한 고뇌의 결과, 나는 한국 사회를 '독재 대 민주'가 아니라 '전근대와 근대의 모순'이라는 틀로 보아야 한다는 결론에 도달했다. 한국 사회의 세부적인 갈등들은 모두 이러한 모순의 하위범주에 불과했다.

그리하여 한국 사회에 대한 나의 관심은 대학원 때부터 공부해오던 근대 연구와 접맥되기 시작했다. 한국의 근대를 되돌아보았다. 대한민국에 대해서도 다시 공부하기 시작했다. 소위 우파로 분류되는 지식인들의 책을 읽었다. 그런 과정에서 특히 이영훈 선생의 문명사관과 이인호와 노재봉 선생의 대한민국 혁명국가론으로부터 많은 자극을 받았다. 대한민국을 다시 보게 된 것이다. 그리하여 기존에 갖고 있었던 "대한민국은 태어나지 말았어야 할 나라"이고 "친일파가 세운 나라"라는 『해방전후사의 인식』류의 인식으로부터 벗어나게 되었다.

자기가 살고 있는 나라에 대해서 공부한다는 것은 물고기가 물에 대해서 공부하는 것과 같다. 국가를 부정하지 않는 이상 국가의 현실적 규정성을 부정할 수는 없는 일이다. 국가는 내가 살아가는 구체적인 환경과 조건이기 때문이다. 물론 집 안에 있는 사람은 집의 전체 모습을 볼 수 없다는 칸트의 말처럼 '사회 내 존재'인 인간이 자신의 현실을 완전히 객관적으로 인식한다는 것은 불가능하다. 하지만 더 이상 좌파의 『해방전후사의 인식』도 수긍할 수 없었고 우파의 대한민국 성공사관도 문자 그대로 받아들이기에는 망설여지는 상황에서 대한민국을 어떻게 볼 것인가 하는 고민은 깊어져갔다. 그럴수록 대한민국의 균열이 더 많이 눈에 들어왔다. 그것은 앞서 말한 '전근대와 근대의 모순'이었다.

그런 한편으로 시각예술을 전공한 나는 오랫동안 대한민국의 국가 상징이 조선왕조의 것으로 커버되어 있는 것에 대해서 의문을 가져왔다. 대한민국은 민주공화국이다. 그런데 국기에도 화폐에도, 심지어 광화문광장에도 민주공화국의 이미지를 찾아볼 수 없다. 한 번은 어떤 자리에서 이런 의문을 제기했다는 것만으로 모(某) 언론으로부터 민족반역자가 아닌가 하는 의혹의 눈초리를 받기도 했다. 광화문 네거리에서 김일성 만세를 부를 수 있어야 진정한 민주주의 국가라는 시인의 말은 이해할 수 있지만, 광화문광장에 왜 이순신 동상이 있어야 하는가라는 물음은 용납될 수 없는 것일까. 제2부 4장은 이 에피소드에 대한 시말기(始末記)이다.

나는 정치학자도 역사학자도 아니다. 하지만 이 책은 무엇보다도 먼저 내가 태어나서 60년 넘게 살아온 나라가 어떤 나라인지 스스로 알고 싶어서 썼다. 그런 점에서 이 책은 일차적으로 나 자신을 위한 대한민국론이다. 하지만 이 시대를 함께 살아가는 동료 시민들에게도 내 생각을 이야기해보고 싶었다. 나는 서두에서 언급한 것처럼, 이제껏 내가 살아온 한국 사회는 어떤 사회이고 대한민국은 어떤 나라인가를 항상 생각하며 살아왔다. 그러면서 한국 사회의 변화를 추구하는 사람들이 주로 정치경제 영역에 대해서만 이야기하는 동안 나는 한국 사회의 문화, 그중에서도 특히 문화의 전근대성에 시선을 던져 왔다. 따라서 이 책은 한국의 근대에 대한 기존의 정치경제 결정론에 대해 사회문화 결정론, 아니 정치경제와 사회문화의 균형론을 제기한다. 그동안 한국 근대에 대한 논의가 주로 정치경제 영역에 한정된 것을 사회문화 영역으로 확장하면서 그것들의 성격이 어떻게 다른지, 그리고 그것들이 어떻게 상호작용하고 영향력을 행사하는지를 따져보고자 하였다.

이 책은 이러한 나의 문제의식의 소산이다. 현실을 사유하기 위해서는 문제틀이 필요하고 문제틀을 작동시키기 위해서는 개념이 필요하다. 나는 대한민국의 현실을 사유하기 위해서 '전근대와 근대의 문명모순'이라는 문제틀을 설정했고, 이를 설명하기 위해서 정치경제적 근대성과 사회문화적 전근대성이라는 개념을 만들었다. 이렇게 대한민국을 둘로 분할하고, 대한민국의 정치경제적 근대성과 사회문화적 전근대성의 이종모순결합의 양상을 이해하기 위해서는 민족사나 일국사가 아니라 문명사의 관점에서 보아야 한다는 것을 깨닫게 되었다. 그리하여 나는 오늘날 한국의 지식인이 근대와 탈근대 사이가 아니라 전근대와 근대 사이에서 사유해야 할 것을 주장한다.

이 책은 전작인 『문제는 근대다』의 후속편이라고 할 수 있다. 『문제는 근대다』가 한국 근대에 초점을 맞췄다면, 이 책은 대한민국에 시선을 집중했다. 공통점은 둘 다 문명론적 접근이라는 것이다. 근대라는 문제틀 자체가 민족사나 일국사가 아니라 문명사적 개념이기 때문이다. 이 책의 1부는 문명론으로서 대한민국을 근대문명론의 관점에서 보았다. 2부는 도상학으로서 대한민국의 대표적인 상징물들이 조선의 이미지로 커버되어 있는 현실을 비판적으로 살펴보았다. 3부는 혁명론으로서 근대혁명이라는 관점에서 대한민국을 어떻게 보고 그 속에 위치시킬 것인가를 논했다.

마지막으로 이 책은 내가 구상하고 있는 '한국 근대 3부작'의 두 번째 산물로서 『문제는 근대다』에 이어 출판해준 도서출판 기파랑에 감사를 드린다.

2024년 7월

최 범

차례

III.
대한민국의 문명사적 의미

Ⅰ. 한국의 근대와 대한민국

1. 문명전환과 한국의 근대

근대와 문명

근대는 문명이다. 근대는 고대와 중세 다음 단계의 문명이다. 문명은 인간의 삶의 방식 중에서 최상위의 통합 개념이다. 모든 생물은 살아가기 위해서 먹고 자고 번식해야 한다. 그 점에서 개나 인간은 동일하다. 만 년 전의 개가 먹고 자고 번식하는 방식과 오늘날의 개가 먹고 자고 번식하는 방식은 똑같다. 하지만 만 년 전의 인간이 먹고 자고 번식하는 방식과 오늘날의 인간이 먹고 자고 번식하는 방식은 다르다. 물론 생물학적 의미가 아니라 행태적인 의미에서 그렇다는 것이다. 그래서 개에게는 문명이 없다. 만 년 전이나 지금이나 사는 방식이 똑같기 때문이다. 그것은 본능의 결과일 뿐이다. 하지만 인간은 다르다. 만 년 전, 천 년 전, 아니 백 년 전의 인간조차도 지금 인간과 사는 방식이 똑같지 않았다. 인간은 시대와 사회에 따라 매번 다른 방식으로 먹고 다른 방식으로 자고 다른 방식으로 번식한다. 이러한 방식을 결정하는 것이 문명이다. 문명은 그런 방식의 총합이다.

따라서 고대인과 중세인과 근대인은 먹고 자고 번식하는 방식이 다르다. 생물학적으로는 똑같겠지만 행위 양식으로는 다르다. 고대인은 고대적인 방식으로 먹고 자고 번식하며 중세인은 중세적인 방식으로 먹고 자고 번식하며 근대인은 근대적인 방식으로 먹고 자고 번식한다. 문명이 다르기 때문이다.

오늘날 세계의 보편문명을 근대라고 한다. 근대의 발원지는 서유럽이다. 대략 16세기경 서유럽에서 발생한 근대문명은 지난 500여 년에 걸쳐서 세계로 퍼져나갔으며 이것이 바로 세계화(globalization)이다. 한국 역시 이러한 과정에서 예외적 대상이 아니었으며, 이를 처음에는 서세동점(西勢東漸)이라고 불렀다. 그러니까 한국은 백여 년 전부터 이전의 중세문명으로부터 근대문명으로의 거대한 문명전환을 겪고 있는 중이다.

문명전환이란 거대한 변화인 만큼 거기에는 명암이 크게 드리운다. 작은 마을 하나가 재개발되어도 이익을 얻는 사람과 손해를 보는 사람이 있어서 희비가 엇갈리게 마련인데, 그것과는 비교할 수도 없을 만큼 어마무시한 차원의 문명전환이 불러일으키는 소용돌이는 인간의 상상력을 넘어선다. 문명의 반대말은 야만이다. 하지만 실제 인간의 역사에서 문명과 야만은 뚜렷하게 구별되지 않는다. 아니 문명이 곧 야만인 경우도 많다. 어쩌면 문명은 그 안에 야만을 품고 있다고 말하는 것이 정확할지도 모른다. 발터 벤야민의 말처럼 "야만의 기록이 없는 문화란 있을 수 없다. 그렇지 않은 경우는 한 번도 없다."[01] 역사는 문명이 두 얼굴을 가지고 있음을 증언한다. 그래서 문명은 문명이자 동시에 야만이며 빛이자 동시에 어

---

01 반성완 편역, 『발터 벤야민의 문예이론』, 민음사, 1983. 347쪽

둠이다.

근대문명도 마찬가지이다. 근대문명도 두 얼굴을 가지고 있다. 근대문명도 문명이고 동시에 야만이다. 빛이자 동시에 어둠이다. 원래 서구의 근대문명은 인간의 이성에 기반 한 것으로서, 그 기원에 있어서 빛의 얼굴을 하고 등장했다. 흔히 중세를 암흑, 근대를 광명의 시대로 비유하는 것이 그렇다.[02] 근대는 중세 종교의 어두움(?)에 갇혀 있던 인간을 이성의 빛 아래로 이끌어낸 빛의 문명이었다고 말한다. 종교개혁과 계몽주의와 합리주의가 그런 것이었다. 하지만 근대는 그 빛과 함께, 빛 못지않게 어둠을 드리우기도 했다. 특히 서유럽에서 솟아오른 근대의 빛이 서유럽을 넘어서 다른 세계를 비추기 시작했을 때 거기에서는 전혀 다른 사태가 전개되었다. 근대문명의 세계화는 어떤 지역에는 해방이었지만 어떤 지역에서는 재앙으로 다가왔다. 빛과 어둠이었다.

아프리카인들은 유럽인들의 노예가 되었고 아메리카 대륙에서는 기존 문명이 파괴되고 원주민들이 절멸되었다.[03] 근대문명의 빛이 닿는 순간 아프리카인과 아메리카인의 삶은 태양에 노출된 동굴 속 생명체처럼 사그라졌다. 실제로 드라큘라 이야기를 빛과 어둠의 메타포를 통해서 중세를 악마화한 스토리텔링이라고 보는 해석도

---

02 물론 이러한 이분법은 근대의 편견이며 중세는 결코 암흑의 시대가 아니었다는 주장도 있다. 이는 『중세의 가을』을 쓴 요한 하위징하 그리고 조르주 뒤비, 자크 르 고프와 같은 프랑스 아날학파의 중세사학자들에 의해 제기되었다. 중세 역시 두 얼굴을 가지고 있었을 테니 당연한 주장이다.

03 인신 공양과 식인이 흔했던 아메리카 문명이 유럽인에 의해 파괴된 것을 축복으로 보는 관점도 있고, 또 정반대로 이러한 인식 자체가 유럽인의 정복을 정당화하기 위해서 만들어낸 것이라는 주장도 있다.

있다. 이것이 근대문명이 아프리카와 아메리카에 끼친 영향이었다. 이 두 대륙에서 서구 근대문명은 재앙이자 악몽이었다.

하지만 아시아는 달랐다. 아시아 국가들도 중동, 인도 그리고 중국으로 이어지면서 차례차례 서구 근대문명에 굴복하고 그들의 식민지가 되어갔지만, 이 지역의 운명은 아프리카와 아메리카만큼 절망적이지는 않았다. 그것은 아프리카와 아메리카에 비하면 아시아의 기존 문명 수준이 높았기 때문이다. 아시아도 유럽의 근대문명에 무릎을 꿇었지만 완전 복속이나 파멸 수준은 아니었다. 아시아는 나름 지배받기도 했지만 근대문명을 적절히 수용하면서 자기화하기도 하고, 때로는 문화접합을 통해서 새로운 문화를 창조해내기도 했다. 아시아에 있어서 근대문명은 억압과 함께 해방의 측면도 있었다. 동아시아문명은 아프리카나 아메리카처럼 서구 근대문명에 완전 파괴되지 않고 어느 정도는 충격을 흡수하면서 자기화할 수 있었던 것이다.

이 점에서는 한국도 마찬가지였다. 한국은 아시아에서도 가장 나중에, 유럽인들이 극동(Far East)이라고 불렀던 만큼 뒤늦게 근대문명이 도착했다. 그리고 유럽의 근대문명은 이전의 불교처럼 중국을 통해서가 아니라, 한발 먼저 근대화된 일본을 통해서 들어왔다. 한국에 수용된 근대문명은 일본에 의해서 이미 한 차례 번역, 가공된 문명이었던 것이다. 그래서 훨씬 더 수월하게 수용했다고 할 수도 있다. 물론 문명충돌의 충격은 결코 만만치 않았지만 말이다.

아무튼 한국인은 아프리카인들처럼 노예가 되지도 않았고 아메리카인들처럼 기존 문명이 완전 파괴되거나 종족이 멸절 당하지도 않았다. 한국은 비서구 국가들 중에서는 근대문명과의 조우에서 가장 운이 좋은 경우에 속했다고 할 수 있다. 주체적 근대화를 이룬 일본을 제외하고는 말이다. 한국의 근대문명화는 한국이 경험한 문명혁명이고 삶의 방식의 혁명이었다. 한국의 근대를 이런 관점에서 볼 필요가 있다.

한국의 문명화 단계

문명은 역사적 산물이다. 그러므로 문명은 시대에 따라서 달라진다. 문명의 구분 역시 일반적인 역사의 삼분법을 따라서 고대문명, 중세문명, 근대문명으로 나눈다. 고대문명은 가장 이른 시기의 문명으로서 인간이 도시와 국가를 세우고, 문자와 청동기를 사용하는 것 등이 특징이라고 한다. 한국사에서는 고조선이 그에 해당된다. 한국사 역시 고대, 중세, 근대라는 세 단계의 문명을 거쳤으니, 그 과정에서 두 차례의 문명전환이 있었다고 할 수 있겠다.

"한국사 발전과정의 흐름 속에는, 문명사의 관점에서 두 차례(제1차·제2차)의 문명전환과 세계화 과정이 있었음을 보고하였다. 즉 한민족의 태반문명에서 중국문명을 중심으로 하는 동아시아문명으로, 그리고 동아시아문명에서 다시 서구문명을 중심으로 하는 범세계적인 문명으로 전환하는 것이었음을, 거시적으로 조감하는 것이었다."[04]

　그러니까 한국의 문명사는 고조선을 기원으로 하는 고대문명이 중국을 중심으로 하는 동아시아문명에 편입되는 중세문명화, 그리고 중세문명이 다시 서구를 중심으로 하는 세계문명에 편입되는 근대문명화라는 두 차례의 문명전환을 겪었다는 것이다. 김용섭은 고대, 중세, 근대를 각기 소(小)세계 문명권, 중(中)세계문명권, 대(大)세계 문명권이라고 부르며 이것이 역사의 발전단계라고 말한다.[05] 김용섭은 한국의 중세문명화를 오늘날의 '세계화'에 해당되는 '천하화(天下化)'라고 하면서 이렇게 설명한다.

　"한민족의 제1차 문명전환의 과정은 위에서와 같은 알타이어계 북방민족의 고조선 문명이 중국의 천하 체제에 들어가고 중국문명, 유교사상을 수용하며 그것을 보편적 가치로 인정하고 그 속에 살아가게 되는 과정이었다. 다시 말하면 이때의 문명전환은 한민족의 문명이 고조선이라고 하는 소(小)세계 문명권에서 중국문명이 중심이 되는 동아시아 중(中)세계 문명권으로 편입되는 과정이었다… 그러면서도 제1차 문명전환은 한민족이 강대한 군사력으로 무장한 중국문명의 충격, 문명전환의 시대적·상황적 필요성에서 오는 정신적 압력, 국제 정세의 격변에 따라 전개되는 천하 체제·천하화 정책의

04　김용섭, 『동아시아 역사 속의 한국문명의 전환』, 지식산업사, 2015. 8쪽
05　김용섭, 30쪽

변동 등에 적절히 대응하면서 장구한 세월에 걸쳐 점진적·단계적으로 고조선 문명의 정신적 바탕 위에 새로 수용하는 중국문명의 높은 학문 사상을 결합하는 가운데, 한민족의 고유 문명을 새로운 차원의 통합문명으로 재창출해나가는 과정이 되기도 하였다."[06]

한편 조동일은 고대문명과 중세문명의 관계를 이렇게 이해한다.

"고대문명이라는 것은 어느 곳에서 특별하게 발달한 문화가 대단한 영향력을 가져 장차 중세문명을 만들어내는 원천 노릇을 했다고 인정된다는 이유에서 문명이라고 할 수 있다. 고대에 이룬 것은 아무리 크고 놀라워도, 중세인이 수용하지 않았으면 유적이나 유물로 남아 관광의 대상이나 될 따름이지만, 중세문명은 가시적인 외형보다 내면의 의식이나 가치관에서 더욱 생동하는 기능을 수행하고, 중세가 끝난 뒤에도 지속적인 영향을 끼친다."[07]

이처럼 조동일은 진정한 문명은 중세문명부터라고 하면서 그 기준으로 공동문어(共同文語)와 보편종교를 든다. "문명은 공동문어와 보편종교를 공유하는 광범위한 공동체가 이루어낸 창조물이다."[08] 예컨대 동아시아문명의 공동문어는 한문(漢文)이고, 보편종교는 유교와 불교이다. 덧붙여 조동일은 중국문명이라는 말은 잘못된 것이

---

06 김용섭, 114~115쪽
07 조동일, 『동아시아 문명론』, 지식산업사, 2010. 22쪽
08 조동일, 『국사 교과서 논란 넘어서기』, 지식산업사, 2015, 49쪽

며, 동아시아문명이라고 말해야 옳다고 한다.

"중국문명이라는 말은 고대문명을 일컬을 때 쓸 수 있지만, 중세문명은 동아시아문명이라고 해야 한다. 국가의 이름을 붙이는 것은 중세문명의 본질에 배치된다. 개념 구분을 분명하게 해서 동아시아문명이 중국문화, 한국문화, 일본문화 등의 각국 문화와 공존하고 있다고 하는 것이 마땅하다."[09]

문명은 지역 단위, 문화는 국가 단위라는 것이다. 그러니까 한국의 중세는 동아시아문명 속에서 한국 중세문화를 가지며 한국의 근대는 근대문명 속에서 한국 근대문화를 가진다. 한국 근대문명이란 결국 근대라는 세계문명 속에서 한국이 가지는 소집합, 즉 한국이 경험한 근대문명으로서의 한국 문화, 즉 한국 근대문화가 되겠다.[10]

중세문명은 다시 서세동점, 즉 서구 근대문명의 동진(東進)으로 인해 변화를 겪게 된다. 이것이 근대문명화, 즉 근대화(modernization)이다. 한국의 근대문명화는 서구를 중심으로 하는 세계문명으로의 편

---

09 조동일, 『동아시아 문명론』, 23쪽
10 문화는 문명의 반복 속에서의 차이라는 관점에서 한국 건축문화를 예시한 글로는 다음을 참조. 최 범, '문명에서 문명으로: 한국 건축문화에 대한 단상', 『문제는 근대다』, 기파랑, 2023, 167~183쪽

입을 의미한다.

 "동아시아의 여러 민족과 국가에서는 19세기에 들어서면서 제 2차 문명전환과 세계화, 즉 근대 서구문명의 수용이 시작되었다. 한 민족도 그 일원이었으므로 마찬가지이었다. 조선 시기의 문명 정책 에서 제1차 문명전환의 완성은 앞으로 있게 될 이 제2차 문명전환 의 예고이기도 하였다. 제2차 문명전환과 세계화는 문명사의 발전 단계로서는 중세적 중(中)세계 문명권에서 근대적 대(大)세계 문명권 에로의 발전과정이기 때문이었다. 동아시아의 경우, 그것은 중국 중심의 중세적 천하 체제의 붕괴를 의미하는 것이었다."[11]

 김용섭은 고조선 이후부터 시작된 한국의 중세문명화가 조선에 이르러 완성되면서 그 다음 단계, 즉 근대문명화로 나아갈 조건을 마련했다고 본다. 중세로부터 근대로의 전환, 그것은 곧 중세계 문 명권으로부터 대세계 문명권으로, '천하화'로부터 '세계화'로의 이 행이었다.

한국 근대화의 경로

 한국은 비서구 지역에서 근대문명이 가장 늦게 도착한 곳이다. 500여 년 전 서유럽에서 생겨난 근대문명은 100여 년 전에야 한반

---

11 김용섭, 196쪽

도에 다다랐던 것이다. 그런 점에서 과거 동아시아문명의 중심부에 가까이 있었던 중세와는 달리, 근대문명의 중심부로부터 가장 먼 주변부로서의 한국의 근대는 서구와는 물론이고 다른 비서구 지역의 근대와도 다른 특수성을 지닌다. 이러한 사실은 단순히 한국이 다른 지역보다 근대화가 늦어졌다는 것을 의미하지 않는다. 오히려 아프리카나 아메리카와 같은 대규모의 화(禍)를 입지 않았고 일본을 통한 간접수용으로 인해 근대의 부정적인 면은 최소화되고 긍정적인 면은 최대화 되었다고 보아야 한다. 근대화가 늦어진 대신에 그 충격이 최소화되었다고 할 수 있다. 아프리카나 아메리카에 비하면 한국이 경험한 근대화의 충격은 차라리 미미한 수준이었다고 보아야 할 정도이다. 이는 원격전파와 (일본에 의한) 간접수용이 근대화의 독소(毒素)를 침전시키고 완충작용을 해, 그 파괴력을 최소화한 것이 아닐까 판단된다.

모든 역사는 주체와 객체의 상호작용 과정이다. 따라서 타자성만을 강조해서도 안 되고 주체성만을 고집해서도 안 된다. 새로운 문명은 기존 문명을 파괴하고 해체한다. 불가피한 일이다. 사라진 문명이 모두 좋은 것도 아니고 새로운 문명이 모두 나쁜 것도 아니다. 그 반대도 마찬가지이다. 아주 객관적으로 말하면 하나의 문명이 또 하나의 다른 문명으로 교체된 것일 뿐이다. 하지만 우리는 중립적인 외계의 관찰자가 아니다. 우리는 모두 역사적 존재로서 역사 안에서 하나의 문명을 경험할 뿐이다.

따라서 우리는 동시에 두 문명에 속할 수 없다. 이 문명 아니면

저 문명 속에서 살아야 한다. 선택은 불가피하다. 물론 실제로는 문명들이 정확히 나뉘는 것만은 아니고 어느 정도는 중첩되며 혼효된다. 그리고 사실 지금 우리는 이것(근대)도 아니고 저것(중세)도 아닌 문명의 중첩과 혼효과정 속에 있다고 말해야 정확할 것이다. 이러한 인식은 이 책 전체를 관통하는 문제의식으로서 재삼 강조해두고 싶다. 그리고 무엇보다도 문명전환이란 거대하고 지난한 과정인 만큼 시간이 오래 걸리며 그 과정은 혼란스럽기 마련이다. 한국의 근대문명 전환 역시 예외가 아닌데, 나는 우선 한국의 근대문명을 이해하기 위해서는 한국 근대화의 경로에 먼저 주목해야 한다고 말하고 싶다.

1) 외부로부터의 근대화

한국의 근대는 외부로부터 온 것이다. 근대문명 자체가 외래문명이기 때문이다. 외래문명의 침투에 의한 문명전환은 침략과 정복, 지배와 저항, 종속과 해방 등 다양한 경험을 포함하는 복합적인 과정이다. 한국도 침략과 정복, 지배와 저항, 종속과 해방을 모두 경험했다. 문명전환은 타자에 의한 침략과 정복도 있지만 또 그러한 과정에서의 저항과 함께 기존 질서의 해체에 의한 해방도 있는 것이다. 이처럼 문명전환이란 한마디로 말할 수 없이 복잡하고 모순된 과정이다. 거기에는 침략과 해방이 함께 있기 때문이다. 과연 무엇이 침략이고 무엇이 해방인가는 보는 관점과 기준에 따라서 다르겠지만, 문명전환이 가진 복합적인 성격을 간과하고 한 가지에만 시선을 고정해서는 안 될 것이다.

"서구문명, 서구열강은 기계문명과 산업의 발달 그리고 제국주의의 군사력을 바탕으로 동아시아 세계를 정복하며 들어왔다. 동아시아 여러 나라들로 하여금 서구문명을 받아들이도록(문호개방·문명전환) 요구하며, 식민지로, 시장으로 강점하였다.

자유·평등·박애와 제국주의의 식민정책이 표리관계에 있었다. 동아시아 문명의 주체국인 중국을 비롯하여, 그 천하체제의 질서 속에 살아온 여러 민족국가들이 이제는 그들의 구래의 문명과 질서를 벗어나 새로운 서구문명을 받아들이고 문명전환을 하지 않으면 안되게 되었다."[12]

한마디로 외부로부터 온 근대는 침략이면서 동시에 기존 질서를 변화시킨 혁명이기도 했다. 이 둘 중에서 무엇에 주목하는가에 따라서 한국 사회 내의 집단들과 이데올로기가 구분된다. 이후의 논의는 모두 이와 관련된 내용들이다.

2) 위로부터의 근대화

'외부로부터의 근대화'는 '위로부터의 근대화'로 이어진다. 이는 결국 외래문명을 먼저 접한 소수의 엘리트에 의해 근대화가 추진될 수밖에 없다는 것을 의미한다. 한국의 경우 구한말의 개화파를 비

---

12 김용섭, 202쪽

롯한 일련의 엘리트들에 의해 근대화가 시작되었다. 한국의 근대 엘리트들은 성격상 크게 공화주의 계열과 발전주의 계열로 나눌 수 있다. 공화주의 계열은 김옥균을 비롯한 구한말 개화파로부터 독립협회와 임시정부, 이승만으로 이어진다. 이들의 노력은 조선의 독립과 대한민국의 건국이라는 결실을 맺는다. 발전주의 계열은 구한말의 부국강병과 일제하의 실력양성파로부터 시작하여 박정희의 발전주의 국가로 연결된다. 이들의 노력은 대한민국을 경제 선진국의 반열에 올려놓았다. 대한민국 역사는 이처럼 공화주의 운동과 발전주의 운동의 복합적인 산물이라고 볼 수 있다. 전자는 정치적 운동으로서 이를 대표하는 인물은 이승만이고 후자는 경제적 운동으로서 이를 상징하는 인물은 박정희이다. 김일영이 『건국과 부국』[13]에서 말한 두 사람이 바로 그들이다. 이승만은 건국의 주인공, 박정희는 부국의 공훈자인 것이다.

문명의 중심부가 아닌 이상 문명전환이 외부에 의해 시작되는 것은 당연하다. 주변부 지역의 문명화는 그러한 외부로부터의 충격과 영향을 어떻게 흡수하고 내재화하는가에 달려 있다. 그렇게 외부로부터 주어진 충격은 소수의 엘리트들에 의해 먼저 인지되고 이를 자각한 그룹에 의해 위로부터의 문명전환이 추진된다. 한국의 근대화 역시 마찬가지이다. 한국의 근대화에는 한발 앞서 근대화된 일본의 영향이 절대적이었다. 따라서 한국의 근대화는 일본에 의한

---

13 김일영, 『건국과 부국』, 기파랑, 2023.

'번역 근대화'를 수용하는 것으로 시작되었다. 그리고 일본으로부터의 해방 이후에는 미국을 비롯한 서구와의 직접적인 접촉으로 인한 근대화가 보다 본격적으로 진행되었다.

한국 근대의 구조

1) 전근대성과 근대성의 이종모순결합

한국 근대문명의 가장 큰 특징은 전근대성과 근대성의 이종(異種)모순결합이다. 한국의 근대화는 단순히 전통문명이 근대문명으로 바뀌는 것이 아니다. 근대화란 외부의 충격으로 인해 전통문명이 서서히 근대문명으로 바뀌는 과정이기는 하다. 하지만 그것은 마치 A가 B로 바뀌는 것과 같은 단순이행이 결코 아니다. 정확하게 말하면 A에서 B가 아니라 A에서 A+B로 바뀌는 것이다. 여기에서 무엇이 A이고 무엇이 B인가가 중요하다. 이에 대한 이해가 한국 근대문명 이해의 전부라고 해도 과언이 아니다. 이 책은 전체적으로 이 문제를 다룬다.

아무튼 문명전환이란 전근대에서 근대로의 거대하고 복잡하며 울퉁불퉁하고 전진후퇴를 반복하는 중층적인 과정이다. 이러한 과정의 가장 두드러진 특징은 문명의 구성요소들이 불균등하게 배치된다는 점이다. 문명은 다양한 요소들로 이루어져 있는데, 그것들은 다시 몇 가지 영역들로 구분될 수 있다. 그리고 문명전환에서 어떤 영역은 빠르고 전면적으로 변하는가 하면 어떤 영역은 더디고 거의 변하지 않는다. 이처럼 변하는 영역과 변하지 않는 영역을 구분하면서, 그것들이 만들어내는 이종모순결합의 양태를 이해하는 것이 중요하다.

그러한 이종모순결합의 대표적인 양상은 정치경제 영역과 사회문화 영역의 불균등 발전이다. 정치경제(민주주의와 자본주의) 영역의 근대화는 비교적 빠르고 전면적으로 진행되는 데 반해, 사회문화(개인주의와 합리주의) 영역의 근대화는 매우 더디고 심지어 거의 이루어지지 않는다. 이처럼 정치경제적 근대화와 사회문화적 전근대화의 이종모순결합과 불균등 발전만큼 한국 근대화의 성격을 잘 보여주는 것은 없다. 이렇게 본다면, 결국 한국의 근대와 근대성을 이해한다는 것은 바로 그러한 이종모순결합과 불균등 발전으로서의 문명모순[14], 그리고 이러한 문명모순이 빚어내는 한국 근대의 풍경을 어떻게 볼 것인가 하는 것에 다름 아닐 것이다.[15] 다시 말하지만, 이에 대한 통찰이야말로 한국의 근대와 근대성을 이해하는 핵심이다.

2) 정치경제적 근대성

정치경제적[16] 근대성이란 곧 정치와 경제 영역에서의 근대성, 서구 근대문명의 하드웨어를 이루는 정치적 민주주의와 경제적 자본

---

14 나는 전작인 『문제는 근대다』에서 한국 사회의 최상위 모순을 문명모순으로 규정한 바 있다. 이는 한국 사회의 계급모순, 민족모순, 젠더모순을 가로지르며 결정하는 최상위 모순이다. 최 범, 『문제는 근대다』, 27~29쪽 참조

15 나는 디자인을 한국 근대의 시각화된 풍경으로 본다. 최 범, 『한국 디자인 뒤집어 보기』, 안그라픽스, 2020. 참조

16 여기서 말하는 정치경제란 마르크스주의적인 의미에서 정치경제학(political economy)이 아니라 정치와 경제(politic and economy)를 하나로 묶어서 일컫는 것일 뿐이다.

주의, 즉 자유민주주의 체제를 가리킨다. 한국에는 대한민국이 성립되면서 이러한 체제가 전면적이고도 공식적으로 자리를 잡았고 나름 우여곡절을 겪었지만 이제는 비교적(?) 잘 작동하고 있다. 그런 점에서 대한민국의 자유민주주의 체제는 대한민국이 근대문명 국가로서 세계사적 보편성을 획득했음을 증명하는 것이라고 말할 수 있다.

정치경제적 근대성은 근대문명의 하드웨어로서 현대 한국인의 삶을 제도적·공식적·외형적으로 규정하는 프레임이다. 이중에서 자본주의는 일제의 식민 지배 과정에서 먼저 이식되었고 민주주의는 해방 이후 미국을 통해 도입됨으로써 비로소 정치경제적 차원에서의 근대성, 즉 자유민주주의 체제가 확립되었다. 이처럼 대한민국의 자유민주주의 체제는 외래적인 것이지만, 그것의 유입 과정에서 한국인의 주체적 수용의 노력이 있었음은 물론이다. 아무튼 한국은 20세기 중반에 자유민주주의 체제의 수립에 성공했고, 그 결과 대한민국 국민은 한민족 역사상 가장 정치적으로 자유롭고 경제적으로 풍요로운 삶을 누리게 되었다. 이것은 삶의 방식의 혁명이고 문명혁명이라고 해야 할 것이다.

3) 사회문화적 전근대성

사회문화적 전근대성이란 한마디로 말하면 집단주의로서 근대화가 진행됨에도 불구하고 거의 내지는 전혀 변화하지 않는 전통적인 요소이다. 한민족은 오랜 역사 동안 집단주의적인 삶을 영위하여 왔고, 이러한 삶의 방식은 한국 사회와 문화에 깊이 뿌리내리고 있다. 사회문화적 근대성은 한마디로 합리적 개인주의라고 할 수 있는데, 정치경제적 근대화에도 불구하고 사회문화적 근대성이 거의 형성되지 못하는 것을 볼 때 집단주의라는 전통이 얼마나 강고한지를 알 수 있다. 이를 보면 비록 근대문명이라고 하지만, 그 안에서 정치경제적 근대성과 사회문화적 근대성의 시간은 전혀 다르게 흐른다는 것을 알 수 있다. 그 둘은 결코 등질적(等質的)이지 않다.

집단주의라는 사회문화적 전근대성은 근대에 오면 민족주의라는 형태로 나타나는데, 이것의 정치적 대응물은 전체주의라고 할 수 있다. 정치는 자유주의적인데 사회는 전체주의적이라는 역설. 이것은 억압적인 국가와 그에 저항하는 자유로운 시민사회라는 상투적인 도식의 뒤집혀진 형태이다. 한국은 민주화 이후 정치적으로는 자유로워졌지만 사회적으로는 여러 차원에서 미시적인 감시와 압력이 증대되면서 사회적 전체주의(?)라는 기이한 현실을 낳고 있다. 오늘날 한국인이 느끼는 압박은 정치적이라기보다는 오히려 사회문화적이다. 이는 집단주의적 가치관에 반하는 생각과 행위를 하는 개인에 대한 사회적 비난과 처벌을 통해 개인의 자유를 압박한다.[17] 정치적으로는 자유로워졌지만 사회적으로는 부자유스러워진 것이다. 이러한 지형에 대한 이해는 오늘날 한국 사회 인식의 핵심을 이룬다고 하겠다.

그런 점에서 한국의 사회문화적 집단주의는 대한민국의 자유민

17　박유하의 『제국의 위안부』 사건이 대표적이다. 박유하, 『제국의 위안부, 지식인을 말한다』, 뿌리와 이파리, 2018. 참조

주주의 체제와 날카롭게 대립되는데, 이점이 바로 대한민국 체제가 안고 있는 근본적인 모순과 위기의 원인이라고 할 수 있다. 한국의 집단주의는 내적으로는 종족적 동질감에 의한 공동체적 결속을 보여주지만, 외적으로는 타 종족에 대한 강한 적대감을 통해 유지되는데, 이는 반일 종족주의[18]에서 볼 수 있듯이 거의 인종주의 수준으로까지 발전한다. 이러한 사회문화적 전근대성을 정치경제적 근대성과 어떻게 조화시켜 나갈지는 한국 사회의 운명을 결정하는 가장 핵심적인 문제가 될 것이다.

4) 정치·경제·사회·문화의 관계

통상 근대사회를 정치·경제·사회·문화로 구분하는데, 정치는 권력, 경제는 재화, 사회는 관계, 문화는 의미를 다루는 영역이다. 그런 점에서 정치·경제·사회·문화는 각기 상대적 자율성을 가진 영역으로 이해된다. 여기에서 다시 정치와 경제를 하나의 묶음으로 하고 사회와 문화를 또 하나의 묶음으로 할 수 있는데, 그것은 정치적 자유(인권)와 경제적 자유(소유)가 분리될 수 없고 사회적 자유(개인주의)와 문화적 자유(합리주의)가 뗄 수 없는 관계에 있기 때문이다.

물론 개혁개방 이후의 중국처럼 경제적 자유는 있지만 정치적 자유가 없거나 인도처럼 정치적으로 민주주의이나 경제적으로 저발전인 국가들도 있지만, 이는 예외적이라고 보아야 하며 대부분의 근대국가에서 정치적 자유와 경제적 자유는 함께 한다. 그런 점에

---

18 이영훈 외, 『반일 종족주의』, 미래사, 2019. 참조

서 정치경제적 근대성을 묶어서 하나로 다룰 수 있다. 자유민주주의는 통상 정치적 자유주의를 가리키는 좁은 의미로 사용하기도 하지만 정치적 자유와 경제적 자유가 상호규정하며 뗄 수 없는 관계에 있다는 점에서 역시 결합해서 보아도 문제가 없다.

사회문화적 근대성은 더욱 그렇다. 정치적 근대성과 경제적 근대성은 예외적으로 분리될 수도 있지만 사회적 근대성(개인주의)과 문화적 근대성(합리주의)은 결코 분리될 수 없다. 개인주의는 합리주의의 토대가 되며 합리주의 없는 개인주의는 성립될 수 없기 때문이다. 근대적 인간이란 사회로부터 상대적으로 독립된 개인이 외적 권위에 의존하지 않은 채 자율적이고 합리적인 사고를 통해 자기 삶의 의미를 찾고 행복을 추구하는 존재이기 때문이다. 따라서 사회적 근대성과 문화적 근대성은 뗄 수 없는 하나의 묶음을 이룬다고 할 수 있다. 한국의 근대가 정치경제적 근대성에도 불구하고 사회문화적 근대성이 결여되어 있다는 판단 역시 이러한 개념 규정에 따른 것이다.

근대사회는 사회를 이루는 각 영역이 분화되어 상대적 자율성에 따라 움직인다고 보는데, 그런 점에서 정치·경제·사회·문화는 각기 다른 논리로 작동된다. 하지만 앞서 논한 것처럼 정치경제를 하나의 묶음으로, 사회경제를 또 하나로 묶음으로 볼 수는 있다. 이 두 영역들은 각기 상당한 내적 친화성을 가지고 있기 때문이다. 또 그렇기 때문에 한국의 정치경제적 근대성과 사회문화적 전근대성의 분리와 불균등성을 논할 수 있는 것이다. 그리고 이를 통해서 서구

의 근대사회가 종교개혁과 계몽주의 사상 등에 의한 사회문화적 근
대성이 선행한 위에서 시민혁명과 산업혁명에 의한 정치경제적 근
대성이 이루어진 것에 비해, 한국의 근대화가 전혀 다른 경로와 구
조로 이루어진 것이 어떤 차이를 낳는지도 알 수 있게 된다.

근대화에 대한 반응

사회에는 다양한 대립과 갈등이 있게 마련이다. 사회들마다 대립
과 갈등의 축은 여러 갈래로 전개되며 더러 사회적 통합을 위협할
정도의 심각한 적대로 발전하기도 한다. 따라서 우리가 어떤 사회
를 이해하는 데 가장 효과적인 방법 중의 하나는 그 사회가 어떤 대
립과 갈등을 가지고 있는가를 아는 것이다. 한국 사회 역시 다양한
대립과 갈등을 가지고 있다. 대표적으로는 계급 갈등, 민족 갈등, 젠
더 갈등, 지역 갈등 등을 들 수 있다. 이러한 것들은 대부분의 현대
사회에서 관찰되는 매우 보편적인 양상들이라고 할 수 있다. 다만
다른 사회들에 비해 한국에는 종교나 인종 갈등이 없는 대신에, 식
민지 경험으로 인한 희생자의식 민족주의(victimhood nationalism)[19]가 빚
어내는 민족 갈등이 한국 사회의 통합을 해칠 정도로 심각한 수준
에 처해 있다.

그런데 이러한 것들보다 더 근본적이고 결정적이면서, 그러한 대
립과 갈등의 근본원인으로 작용하고 있는 것은 바로 한국의 근대화

---

19 임지현, 『희생자의식 민족주의』, 휴머니스트, 2019. 참조

그 자체이다. 적어도 지난 2천 년 간의 한국사에서 가장 큰 사건은 서양 근대문명과의 만남에 의한 근대화이며, 이러한 근대화가 빚어낸 대립과 갈등이 한국 사회의 전 영역을 관통하며 작동하고 있다고 보아야 한다. 따라서 오늘날 한국 사회에서 드러나는 모든 대립과 갈등의 바탕에는 이러한 근대화에 대한 반응이 자리하고 있다고 할 수 있다. 수구와 개화, 좌파와 우파, 보수와 진보의 대립과 갈등은 모두 근대화에 대한 반응과 무관하지 않다. 아니, 정확하게 말하면 그러한 계열들은 모두 근대화에 대한 반응의 결과들이라고 말해야 옳다. 이처럼 근대화는 한국 사회를 가르고(분열) 가로지른다(횡단).

1) 수구와 개화

근대화에 대한 원초적인 반응은 거부와 수용 둘 중 하나이다. 전자를 수구(守舊)라고 부르고 후자를 개화(開化)라고 부른다. 거듭 말했듯이 근대화는 거대한 변화이다. 모든 변화에는 저항과 수용이 있게 마련이다. 근대화라는 거대한 변화에 거대한 저항과 수용이 따르는 것은 당연한 일이다. 그래서 구체적인 양상은 다양하겠지만 근대화에 대한 가장 기본적인 태도는 수구와 개화 둘 중 하나일 수밖에 없고, 이는 한국 근대의 모든 대립과 갈등의 최상위에 놓여 있다. 이것이 한국 근대의 기본모순이다.

구한말의 수구를 위정척사(衛正斥邪)라고 한다. 바른 것을 지키고(衛正) 삿된 것을 물리친다(斥邪)는 뜻이다. 여기에서 말하는 바른 것은 기존의 성리학과 그에 기반 한 중화 질서를 말한다. 삿된 것은 서양의 근대를 가리킨다. 그러니까 위정척사는 성리학과 중화질서를 지키고 서양의 근대문물을 거부하는 것이다. 그에 반해 개화는 말 그대로 나라의 문을 열어(開國) 서구 근대를 받아들이자는 것이다. 오늘날로 말하면 국제주의라고 할 수 있다. 서구의 근대가 밀려오던 당시 한국 사회의 반응은 결국 수구와 개화 둘 중 하나일 수밖에 없었고, 이러한 정초적(定礎的) 선택은 지금까지도 한국 사회의 앎과 삶을 가르는 원초적 기준이 되고 있다.

일단 한국 근대사를 보면 겉으로는 수구가 패배하고 개화가 승리한 것처럼 보인다. 결국은 나라의 문을 열었기 때문이다. 그 결과 지금의 대한민국이 존재한다. 하지만, 그 실상과 속내는 그리 간단하지 않다. 수구파는 겉으로 보기와는 달리 결코 패배하지 않았으며 개화파의 승리 역시도 그리 전면적·본격적이었다고 볼 수 없다. 이처럼 근대 초기부터 드러난 근대화에 대한 원초적 대립과 갈등은 근대화 150년(1876년 강화도조약 기점)을 바라보는 지금까지도 봉합되지 않은 채, 여전히 한국 사회의 온갖 대립과 갈등의 경계선을 가로지르며 드러나고 있다는 것이 나의 판단이다.

2) 좌파와 우파

한국의 좌우대립은 사회주의와 자본주의의 대립도, 프롤레타리아와 부르주아의 대립도, 민족과 외세의 대립도 아니다. 아니, 한국의 좌우대립은 겉으로는 사회주의와 자본주의, 프롤레타리아와 부르주아, 민족과 외세의 대립인 것처럼 보인다. 대체로 좌파는 사회주의와 프롤레타리아와 민족의 편에 서고, 우파는 자본주의와 부르주아와 외세의 편에 서는 것처럼 보인다. 하지만 한국의 좌우대립은 그러한 것들의 대립 이전에 먼저 근대화를 둘러싼 대립이다. 다시 말해서 한국의 좌우대립의 본질은 근대를 보는 관점의 대립인 것이다. 즉 근대화에 대한 반응이 한국의 좌우를 나눈다. 좌파는 반근대화 세력, 우파는 근대화 세력이라고 할 수 있다. 그런 점에서 한국의 좌파는 수구파, 우파는 개화파의 후예인 셈이다.

이는 정치적으로는 자유민주주의와 민중민주주의(인민민주주의)의 대립으로 나타난다. 자유민주주의는 서구 근대의 핵심적 가치인 개인의 정치적 자유(인권)와 경제적 자유(소유)를 중심으로 하는 정치경제적 체제이다. 따라서 자유민주주의는 우파의 세계관이다. 그에 반해 민중민주주의 또는 인민민주주의는 민중이라는 집단적 주체를 중심으로 하는 체제이다. 이는 민중이라는 집단적 주체로 이루어진 공동체를 최고선으로 보며 개인의 인권이나 소유권은 중요하게 생각하지 않거나 적어도 부차적으로 본다. 따라서 민중민주주의는 전체주의이며 좌파의 세계관이다. 자유민주주의가 정치적 자유와 경제적 자유를 지닌 개인을 사회의 기본 단위로 본다면, 민중민주주의는 개인 위에 있는 공동체를 사회의 기본 단위로 삼는다. 여기에서 핵심은 사회의 기본 단위를 개인으로 볼 것인가 집단으로 볼 것인가이다.

물론 개인은 홀로 살 수 없으며 어떤 형태로든 공동체를 이룰 수밖에 없다. 반대로 공동체 역시 개인들로 이루어져 있음은 분명하다. 하지만 여기에서도 결정적으로 중요한 것은 개인으로 이루어진 공동체와 공동체 내의 개인들에서 무엇을 중시하고 우선시하는가 이다. 개인이 공동체에 앞선다는 것이 개인주의이며 자유주의이고 우파의 세계관이다. 그에 반해 공동체가 개인에 우선한다는 것이 집단주의이며 전체주의이고 좌파의 세계관이다. 이 둘은 결코 화합 될 수 없다. 한국의 좌우대립은 자본주의냐 사회주의냐 이전에, 세계관에 있어서 바로 이러한 자유주의와 전체주의의 대립인 것이다. 그리고 이는 근대와 전근대의 대립이기도 한 것이다.

대한민국은 자유민주주의 체제를 채택하고 있기 때문에, 그 성격 상 우파 국가라고 할 수 있다. 그런데 여기에는 심대한 딜레마가 있 다. 왜냐하면 한국인은 좌우를 가리지 않고 모두 실제적으로 집단 주의자들이기 때문이다. 한국의 집단주의는 오랜 역사를 통해 물려 받은 문화적 유산이어서 쉽게 바뀌지 않는다. 따라서 아무리 근대 화가 되고 자유민주주의 국가에서 살아도 한국인의 의식과 행동방 식은 여전히 전통적인 집단주의를 벗어나지 못한다. 그렇게 보면 집단주의/전체주의인가 개인주의/자유주의인가에 따라서 한국인 을 좌와 우로 구분하는 것은 의미가 없다. 한국의 우파는 자유민주 주의를 추구하는 집단주의자들이고 좌파는 민중민주주의를 추구하 는 집단주의자들이다. 이러한 현실을 어떻게 보아야 할까.

이는 매우 기이한 현상을 낳는다. 말했듯이 우파는 자유민주주의 를 추구하지만 그것을 집단주의적으로 추구한다. 자유민주주의는 개인의 존엄과 자유를 최고의 가치로 삼는 데 반해 집단주의는 국가나 민족 등의 집단을 개인보다 더 위에 둔다. 과연 이러한 자유민주주의가 가능한가. 아니 이를 자유민주주의라고 부를 수 있는가. 하지만 아무튼 정치경제적 자유주의와 사회문화적 집단주의의 결합체로서의 자유민주주의 국가인 대한민국이 엄연히 존재하고 있다. 이 명백한 사실을 부정할 수는 없다. 다만 이를 어떻게 이해할 것인가 하는 인식의 문제가 남아 있다.

그에 반해 좌파는 원래 집단주의 이념의 추종자들이기 때문에 한국의 집단주의 문화와는 모순이 없다. 다만 문제는 자유민주주의 체제 내에서 민중민주주의를 지향하는 좌파의 태도이다. 이들 역시 현실적으로는 자유민주주의 질서 내에서 살아간다는 점에서 우파와 다르지 않다. 하지만 민중민주주의자들에게 자유민주주의 질서는 부르주아 민주주의로서 타도와 극복의 대상이다. 한국의 좌파는 자유민주주의 체제에서 살아가면서 민중민주주의로의 혁명을 꿈꾼다. 따라서 한국 우파의 모순이 자유민주주의 국가에서 집단주의적인 의식을 가지고 살아가는 데 있다면, 한국 좌파의 모순은 민중민주주의적인 의식을 가지고 자유민주주의 국가에서 살아간다는 점에 있다.

물론 자유민주주의 국가에서 살아가면서 민중민주주의 세상을 추구할 사상의 자유는 있다. 적어도 대한민국의 자유민주주의 질서를 행위나 법률의 차원에서 위반하지 않는 이상 민중민주주의자로 살아갈 수 있다. 다만 현실적으로는 자유민주주의에서 살아가는 혜택(?)을 누리면서 관념적으로 민중민주주의 혁명을 꿈꾸는 좌파의 분열증 내지는 기회주의적 태도가 문제다. 강남좌파라는 말이 바로 그것을 가리킨다. 아무튼 이러한 현실이 말해주는 것은 이것이다. 좌와 우를 가리지 않는 전근대적인 집단주의가 한국 자유민주주의의 성격과 한계를 결정한다는 사실이다. 대한민국의 자유민주주의는 집단주의의 틀 안에 갇혀 있는, 그를 넘어서지 못하는 자유민주주의이다. 과연 이를 자유민주주의라고 부를 수 있는가 하는 문제가 계속 남기는 하지만 말이다. 아무튼 한국의 좌우대립은 그 본질에 있어서 정치경제적 근대성과 사회문화적 전근대성의 대립이며 우파는 정치경제적 근대성의 담지자, 좌파는 사회문화적 전근대성의 담지자이다. 이는 곧 한국 사회에서 보수와 진보를 어떻게 볼 것인가 하는 문제로 바로 연결된다.

3) 보수와 진보

보수와 진보는 상대적이다. 무엇을 기준으로 삼는가에 따라서 보수와 진보는 달라질 수 있다. 나는 한국의 보수와 진보를 나누는 기준 역시 근대로 삼아야 한다고 본다. 그런데 앞에서도 이야기했듯이, 근대를 기준으로 할 때 가장 기본적인 균열은 수구와 개화이다. 즉 반(反)근대와 근대의 분화이다. 앞서 근대화를 반대하는 좌파는 수구이며 근대화의 주역은 우파라고 말했다. 그런데 수구는 보수가 아니다. 왜냐하면 보수와 진보는 근대를 인정하는 범위 내에서의 입장의 차이를 가리킬 때만 의미가 있기 때문이다. 근대 자체를 부정하는 것은 보수도 진보도 아닌 수구일 뿐이다.

따라서 한국 좌파는 수구이지 보수가 아니다. 보수는 우파이다. 그렇다면 진보는? 여기에서 한국의 근대를 둘러싼 관점과 태도의 차이가 다시 한번 드러난다. 말했듯이 좌파는 수구이지 보수도 진보도 아니다. 자유민주주의 체제 자체를 부정하는 것은 보수도 진보도 아니기 때문이다. 따라서 한국에서 보수와 진보를 나누는 것은 우파 내에서만이 가능하다. 보수우파와 진보우파? 그렇다. 한국에서 보수와 진보는 우파를 다시 나누는 기준인 것이다. 나는 전작에서 한국의 자유민주주의 체제(정치경제적 근대성)를 지켜야 한다고 생각하지만 정신적으로는 전근대적인(사회문화적 전근대성) 우파를 보수우파, 정치경제적 근대성만이 아니라 사회문화적 근대성을 추구하여 대한민국이 정치·경제·사회·문화 전 영역에 걸쳐서 높은 수준의 근대성을 이루어야 한다고 생각하는 우파를 진보우파라고 불렀다.[20]

대한민국을 '태어나지 말았어야 할 나라', '친일파가 세운 나라'라고 보는 좌파는 대한민국 자체를 부정한다. 그 이유는 대한민국이 민족 분단국가이기 때문이다. 민족이라는 집단을 최상위의 가치로 보는 좌파에게는 대한민국이 자유민주주의 체제인 것은 전혀 중요하지 않다. 그냥 민족 분단국가이기 때문에 대한민국은 잘못된 반쪽짜리 나라라는 것이다. 그래서 좌파는 반(反)대한민국 세력이다. 대한민국을 부정하는 것은 자유이다. 얼마든지 정치적 선택을 할

---

20 한국의 보수와 진보의 구분에 대한 보다 자세한 논의는 다음을 참조할 것. 최 범, 『문제는 근대다』.

수 있다. 다만 대한민국 체제를 정면으로 부정하는 세력을 대한민국의 이름으로 용인할 수는 없다. 대한민국을 부정한다면 반대한민국 투쟁과 혁명을 하면 된다. 사실 좌파의 목표는 그것인데, 그것은 사상의 자유 차원에서는 용인될 수 있으나 대한민국 체제의 차원에서는 용인하기 어렵다. 이런 관점에서 보수와 진보 논의에서 좌파를 제외해야 한다는 것이다. 좌파는 보수도 진보도 아닌 수구이기 때문이다.

그에 반해 흔히 태극기부대라고 부르는 아스팔트 우파는 대한민국의 자유민주주의 체제가 성취한 정치적 자유와 경제적 자유를 높이 받들고 이를 공산주의의 위협으로부터 지키는 것을 최우선시한다는 점에서 보수우파에 가깝다. 그러니까 보수우파가 '보수'하려는 것은 대한민국의 자유민주주의 체제, 즉 정치적 자유(인권)와 경제적 자유(소유권)인 것이다. 이것이 보수우파의 가치관이다. 이처럼 보수우파가 정치경제적 자유에 만족하고 안주하는 반면, 진보우파는 정치경제적 자유를 넘어서 사회문화적 자유(집단주의로부터 자유로운 개인)를, 대한민국의 자유민주주의 체제를 재생산하는 사회문화적 토대를 구축하려는 세력이다.

그런 점에서 진보우파는 보수우파의 반쪽 근대화(정치경제적 근대화)를 넘어서 대한민국을 전면 근대화로 이끌어가려는 세력이다. 그래서 보수우파보다 더 진보적이다. 전근대보다 근대가 진보이고 집단보다 개인이 진보이기 때문이다. 보수우파는 정치경제적 자유를 추구하고자 하지만 여전히 사회문화적 전근대성에 갇혀 있고, 그래서 그들 자신이 의식하지 못할지라도 사회문화적 근대성 없이는 정치경제적 근대성이 재생산될 수 없고 지속가능하지 않음을, 그리하여 그들이 추구하는 자유민주주의 체제에 스스로가 위협이 된다는 사실을 알지 못한다. 그에 반해 진보우파는 이러한 모순을 극복하고 자유민주주의의 재생산 기제로서의 사회문화적 근대성을 성취하고자 하는 주체인 것이다.

이제까지 논한 수구와 개화, 좌파와 우파, 보수와 진보는 모두 한국의 근대화라는 거대한 변화가 낳은 정치·경제·사회·문화의 전 영역에 걸친 반응의 스펙트럼에 다름 아니다.

2. 한국의 근대화와 국가

국가의 성립은 고대부터이다. 문명이 국가보다 큰 개념이기 때문에 문명의 역사와 국가의 역사는 일대일로 대응되지 않는다. 오히려 하나의 문명 속에 여러 국가가 존재하고 명멸한다고 보아야 할 것이다. 한국사 역시 예외가 아니다. 고대로부터 중세를 거쳐 근대로 이어지는 한국의 문명화과정에서도 여러 국가가 생겨나고 사라져갔다. 고조선이 고대문명 국가라면 삼국, 통일신라, 고려, 조선은 중세문명, 식민지 조선과 대한민국은 근대문명에 속한다고 할 수 있다. 여기서는 식민지 조선과 대한민국을 한국의 근대국가, 즉 근대문명기의 국가라는 관점에서 살펴보고자 한다.

식민지 조선과 경제적 근대화

한국인이 최초로 경험한 근대국가는 일본제국하의 식민지 조선이다. 식민지 근대국가로서의 조선은 일본의 대한제국 병합으로 탄생했다. 대한제국은 중화 질서로부터 벗어나 주요 열강으로부터 승인을 받은, 한국 역사상 처음으로 근대 국제 체제에 편입된 국가라는 점에서 외형적으로는 최초의 근대국가라고 할 수 있지만, 내용적으로는 사실상 조선의 연장에 지나지 않기에 진정한 근대국가라고 할 수 없다. 따라서 한국인이 경험한 최초의 근대국가는 대한제국이 아니라 식민지 조선이라고 보아야 한다.

식민지 조선이 근대국가인 이유는 근대사회를 이루는 영역들(정치·경제·사회·문화) 중에서 비록 경제 한 분야지만 근대화가 되었기 때문이다. 일본은 '조선민사령'(1912년) 등을 통해 조선인에게 민법상의 권리(소유권)를 부여했고 조선을 일본의 시장경제 체제에 통합시켰다. 일본에 의해 주어진 민법 등의 권리는 말할 것도 없이 식민지 자본주의의 필요에 따른 것이었다. 식민지 자체가 자본주의의 발전 과정에서 원료 추출과 시장 확대를 위해 필요로 했던 것인 만큼 식민지 조선은 바로 그런 의미에서의 식민지 자본주의 국가로서 근대 국가였으며, 일본의 조선 통치는 궁극적으로 동화를 목적으로 했기 때문에 철도 부설 등의 인프라 구축과 함께 산업화도 어느 정도 이루어졌다.

이처럼 식민지 조선에서 경제적 근대화는 이루어졌지만 정치적 그리고 사회문화적 근대화는 없었다.[21] 일본은 주로 정치경제 영역에 한해서 조선을 지배했으며 사회와 문화 영역에서는 기독교 선교와 의료, 교육 등 서구의 진출을 상당히 허용하였다. 전체적으로 볼 때 식민지 조선은 개발 식민지로서 경제적 발전이 이루어졌으며, 그에 따른 사회문화적 발전도 다소 있었지만, 그 수준은 매우 미약했다고 하겠다. 식민지 조선의 경제적 근대화의 실태와 성과에 대해서는 '식민지 근대화론'에서 잘 설명하고 있고, 이때 일본이 마련한 제도와 인력, 인프라 등은 이후 한국의 경제 발전에 일정한 토대

---

21 조선인에게 정치적 권리는 주어지지 않았다. 총독부 통치에 대한 자문회의 형식으로 아주 제한적인 차원에서의 조선인 참여가 있었지만 거의 무의미한 수준이었다.

가 되었다고 할 수 있다.[22]

대한민국과 정치경제적 근대화

대한민국은 자유민주주의 국가, 즉 정치와 경제에서의 근대화를 이룬 국가이다. 대한민국은 일제로부터의 해방 이후 3년간의 미군정을 거쳐 1948년에 건국되었다. 대한민국은 국민 투표에 의해 대표자를 선출하는 등 처음부터 자유민주주의 체제로 출발했다. 그리고 건국 이후에는 산업화와 민주화로 이어지는 발전을 꾸준히 이룩했다. 대한민국의 의의에 대해서 이영훈은 이렇게 말한다.

"…지난 20세기는 한반도에서 국가의 역사가 시작된 이래 가장 심각한 변화와 발전이 있었던 시대입니다. 사람들이 정치적으로 사회적으로 자유롭고 평등해졌습니다. 경제적으로는 풍요해졌습니다. 드디어 빈곤과 질병의 굴레로부터 해방되었습니다. 그러한 세기적 변화의 기초는 무엇입니까. 정치적으로는 자유민주주의이고 경제적으로는 자유시장경제이지요. 종교적 내지 사상적으로는 개인주의 내지 자유주의라고 할 수 있습니다. 그 모두가 서유럽에 기원을 둔 외래문명입니다. 20세기의 한국사는 이러한 외래문명이 들어와 우리의 오래된 전통문명과 상호작용하면서 나름의 형태로 정착하는 과정이었습니다. 다시 말해 전통문명과 외래문명이 충돌하

---

22 이는 물론 식민지 근대화론의 관점이며 여기에 대해서는 비판적인 의견도 있다.

고 접합하는 문명사의 대전환 과정이었습니다."[23]

　　하지만 이영훈의 말처럼 대한민국이 정치적으로 자유롭고 경제적으로 풍요로워진 것은 맞지만, 종교적·사상적 측면에서 개인주의와 자유주의가 뿌리를 내렸는지는 매우 의심스럽다. 정치적·경제적체제로서의 자유민주주의가 개인주의와 자유주의라는 사회적·문화적 토대를 갖춰야 하는 것은 서구적 기준으로 보면 당연한 것이지만, 한국의 현실이 그렇다고는 말하기 어렵다. 아니 정확하게 말하면 대한민국의 자유민주주의 체제는 분명 정치적·경제적 자유에 기반 한 것이지만, 그에 대응되는 사회적·문화적 토대로서의 개인주의와 자유주의는 결여하고 있다고 말해야 맞다. 이는 물론 제도적으로는 보장되고 있지만 현실적으로는 그렇지 않다는 말이다. 이것이 바로 대한민국 자유민주주의 체제의 성격과 한계임은 앞서도 지적한 바 있다. 대한민국의 현실을 논함에 있어서 이 점을 간과해서는 안 된다고 생각한다.

　　그러니까 정치경제적 근대성과 사회문화적 전근대성의 불일치, 이것이 바로 대한민국 근대성의 성격이며 모순이자 한계라는 것이다. 그리고 이것이 바로 근대라는 외래문명이 이 땅의 전통문명과 결합되어 드러난 구체적 양태인 것이다. 다시 말해서 대한민국의자유민주주의는 정치적·경제적 자유라는 외래의 요소는 받아들였지만 사회적·문화적 자유는 받아들이지 못한, 전자는 이 땅에 뿌리

23　이영훈, 『대한민국 이야기』, 기파랑, 2007. 318쪽

를 내렸지만 후자는 어떤 이유에서든지 한국의 현실에 정착하지 못한 불균등한 모습을 보여주고 있다. 그리하여 한국의 정치와 경제는 근대적이지만 사회와 문화는 여전히 전근대적이라고 하지 않을 수 없다.

이는 결국 서구의 근대성이 한국에서 불균등하고 선택적으로 수용되었음을 의미한다. 정치경제적 근대성은 수용되지만 사회문화적 근대성이 수용되지 못하는 이유로는 여러 가지를 들 수 있겠지만, 무엇보다도 이 둘이 전혀 다른 성질로 이루어진 것이라는 사실을 직시해야 하겠다. 정치경제적 근대성은 하드웨어이고 물질적·제도적·외재적인 반면에 사회문화적 근대성은 소프트웨어이고 정신적·관습적·내재적 특질을 지니기 때문일 것이다. 따라서 물질적·제도적·외재적 근대성은 비교적 쉽게 잘 수용되는 반면에 정신적·관습적·내재적 근대성은 잘 수용되지 않는 것이다.

이처럼 한국의 물질적·제도적·외재적 근대성과 정신적·관습적·내재적 전근대성 사이에는 깊은 균열이 있다. 이를 단순한 결여나 미진함 정도로 볼 수는 없다. 대한민국의 역사가 70년을 넘어섬에도 불구하고 이러한 균열은 거의 극복되지 못하고 있다고 해도 과언이 아니다. 그 이유에 대해서는 앞에서 설명하였다. 그래서 이 시점에서 대한민국이 성취한 근대성은 정치경제 영역에 한한다고 평가할 수밖에 없다. 그런 점에서 대한민국의 근대화는 절반의 성공이자 동시에 절반의 실패라고 할 수 있다. 그리고 이러한 사정은 대한민국의 자유민주주의 체제 내에서 쉽게 극복되기 어려울 것으로 보인다. 따라서 정치경제적 근대화를 넘어서는 사회문화적 근대화는 다음(?) 국가의 과제라고 할 수밖에 없을 듯하다.

대한민국이 한국 근대문명 최초의 국가가 아니듯이 대한민국이 한국 근대문명 최후의 국가도 아닐 것이다. 거시적인 문명사적 관점에서 본다면, 대한민국은 다음 단계의 더욱 높은 수준의 근대문명 국가로 나아가는 디딤돌이 될 것이다. 오늘날 한국인의 역사의식과 사명은 이러한 것을 정확히 인식하는 데서부터 출발해야 하지 않을까 한다. 한국의 근대문명화 과정에서 대한민국이 이룩한 성취와 함께 그 모순과 한계를 직시하면서 다음 국가와 근대화를 사유하는 것 말이다. 이것이야말로 탈근대주의자들이 좋아하는 진정한 바깥의 사유가 아닐까. 물질적 근대와 정신적 전근대의 결합체로서의 대한민국 넘어서기. 대한민국에 대한 문명사적 인식은 바로 이처럼 근대문명 내에서 대한민국 국가가 갖는 위치와 그 특수성을 직시하는 것이어야 할 것이다.

다음 국가와 다음 근대화

다음 국가란 한민족의 근대문명화 과정에서 대한민국이 성취한 것보다 한 단계 더 높은 수준의 근대화를 이루는 국가를 말한다. 앞서 대한민국을 한국의 근대문명화 과정이라는 관점에서 살펴보았다. 그렇게 볼 때 대한민국은 정치경제적 근대화는 이루었지만 사회문화적 근대화는 이루지 못한 절반 수준의 근대문명 국가로 판단

된다. 그리하여 이제 우리는 대한민국이 이룬 정치경제적 근대화를 넘어서 사회문화적 근대화까지 갖춘, 말하자면 정치·경제·사회·문화 전 영역에 걸쳐 높고 고른 수준의 근대성을 달성한 국가를 생각해보게 된다. 그것은 다음 국가일 것이다. 물론 그것이 대한민국이면 안 된다는 법은 없다. 하지만 대한민국의 출발과 현실을 볼 때 그것은 쉽게, 근미래에 달성할 수 있는 수준의 과제가 아닌 것으로 보인다.

대한민국에 대한 역사적 인식은 대한민국의 현실에 대한 객관적 인식과 함께 이를 넘어서는 단계에 대한 문명사적 인식까지를 필요로 한다. 이는 결코 대한민국의 부정도 비관도 아니다. 다만 우리는 한국 역사에서 대한민국이 성취한 근대문명의 수준을 높게 평가하면서도 이를 넘어서는 수준에 대한 전망을 필요로 할 뿐이다. 그렇게 볼 때 다음 국가는 다음 수준의 근대화를 이룩한 국가가 되어야 할 것이다.

그것이 어떤 국가일지는 알 수 없다. 다만 지금 이러한 역사적 퍼스펙티브를 갖는 것은 과거를 통해서 현재의 대한민국을 인식하고, 또 미래에 대한 의식적 투사를 통해서 현재의 대한민국을 객관적으로 인식하는 하나의 방법이 될 것이다. 그런 점에서 미래 인식은 결코 비현실적인 것이 아니라 오히려 현재적 통찰을 제공하는 계기가 될 것이다. 결국 중요한 것은 대한민국을 어떻게 볼 것인가 하는 역사적 관점이다. 그리고 이는 과거와만이 아니라 미래와의 관계 속에서도 조명되어야 한다. 만약 대한민국 역사 내에서 정치경제적 근대성과 사회문화적 근대성의 결합이 이루어진다면, 그것은 더 이상 대한민국이 아닐 것이다. 그것은 우리가 아는 대한민국이 아닐 것이다. 그때 그것은 대한민국이라고 불릴 필요도 없을 것이다. 대한민국이라고 하더라도 그것은 이미 대한민국이 아닐 것이기 때문이다.

Ⅱ. 대한민국의 도상학

1. 대한민국은 없다[01]
공화국의 이미지란 무엇인가

왕국의 깃발 아래

청룡, 주작, 백호, 현무. 사신(四神)이 수놓인 깃발을 든 의장대가 도열해 있는 사이로 대통령이 걸어가고 있다. 2018년 조코 위도도 인도네시아 대통령이 방한했을 때 문재인 대통령은 창덕궁에서 공식 환영식을 베풀었다. 보도에 따르면 "청와대 관계자는 이날 브리핑에서 "보통 청와대 대정원에서 진행했던 공식 환영식을 창덕궁으로 옮겨서 처음 시행했다"며 "우리나라 대통령이 외국을 국빈 방문하면 그 나라 전통 고궁 또는 대통령궁에서 환영식이 치러졌다"고 말했다. 보편적인 국제 관례에 따른 것이라는 설명이다. 그는 이어 "각국 대통령궁은 대체로 수 백 년 이상의 역사를 가진 전통 고궁들이다. 우리도 외빈이 왔을 때 전통 고궁, 고유문화를 홍보하는 효과도 있다"며 "과거 조선시대 때 외빈들이 왔을 때 공식 환영식을 했던 창덕궁에서 개최하는 게 어떠냐는 의견을 따라 이번에 처음으로 창덕궁에서 시행하게 됐다"고 배경을 설명했다."[02]

이날 행사는 조선식과 한국식의 혼합이었다. 의장대 사열은 각

---

01 이 글은 독립잡지, 〈옵.신〉 9호(2021)에 실린 것이다. 최 범, 『문제는 근대다』에 재수록.
02 〈한겨레〉, 2018년 9월 1일

기 조선식과 한국식, 축하 공연은 조선의 궁중무용이었다. 그런데 이 행사는 국가 차원의 공식 의례와 전통문화 체험을 혼동한 것에 문제가 있다. 의장대 사열은 상대국의 원수에게 자국의 군대를 보여주는 것인데, 비록 일시적이고 가상적이나마 상대국에게 자국군의 지휘권을 넘기는 제스처를 취함으로써 평화의 메시지를 전달하는 근대국가의 오래된 관례이다. 따라서 이것은 국제정치적 행위이지 문화적 행위가 아니다. 다시 말해서 의장대 사열에서 조선의 군대와 한국의 군대가 함께 있을 수 없는 것이다. 이것은 조선과 한국이라는 두 국가가 인도네시아를 상대로 한다는 것인데, 말이 되지 않는다. 이것은 한국과 인도네시아 양국의 관계이지 조선과 한국과 인도네시아 3국의 관계가 아니다. 조선군 의장대가 실제 조선군이 아니라 조선군 역할놀이를 하는 한국군이기는 하지만 그렇더라도 역시 말이 되지 않는다. 이것은 어디까지나 상징적인 실제 행위이기 때문이다. 여기서는 상징적인 것이 실제적인 것이다. 물론 조선은 더 이상 존재하지 않는 국가이다.

미국의 경우 국가 행사에 독립전쟁 당시의 복장을 한 의장대가 등장하는 경우가 있는데, 이들은 당연히 미합중국 군대의 일부이지 영국 군대가 아니다. 미국 의장대가 시기별로 다른 제복을 입은 병사로 구성되는 것과 조선과 한국의 의장대가 함께 행사를 하는 것은 전혀 다른 문제이다. 전자는 같은 나라 군대이고 후자는 다른 나라 군대이다. 조선의 궁중무용 역시 문화 행사에서라면 몰라도 대한민국의 공식적인 국가 의례에는 등장할 수 없는 것이다. 국가 의례와 전통문화 관람은 엄연히 구분되어야 한다. 인도네시아 대통령의 국빈 방문에 따른 공식 환영식은 국가 간의 외교 행위이지 문화교류가 아니기 때문이다. 그러므로 여기에는 대한민국에 속하지 않는 것이 들어와서는 안 된다. 조선은 대한민국이 아니다.

차라리 조선시대의 왕궁에서 행사를 한 것 자체는 문제가 되지 않는다. 정확하게 말하면 창덕궁은 더 이상 왕궁이 아닌 문화유산이자 관광지이기 때문이다. 청와대 관계자가 말한 외국의 고궁이나 대통령궁 사례라는 것도 오해할 가능성이 있다. 영국의 경우 외형적으로 군주국이기 때문에 왕궁인 버킹엄궁이 국가 행사에 사용되는 것은 당연하다. 그런데 영국 이외의 많은 국가들, 왕국이 아닌 공화국들에서도 전통 궁전을 대통령궁으로 사용하는 것은 사실인데, 이때의 왕궁은 더 이상 현재적 의미에서의 왕궁이 아닌 용도변경이 이루어진 건물일 뿐이다. 이는 발터 벤야민이 말하는 '기능전환(Umfunktionisierung)'으로 보면 된다. 따라서 대통령궁이라고 불리기는 하지만 그것은 한국의 청와대와 같은 것이다. 예컨대 프랑스의 엘리제궁은 원래 루이16세의 왕궁이었지만 공화국이 들어서면서 대통령궁으로 기능전환이 이루어졌다. 따라서 엘리제궁과 창덕궁은 과거에는 왕궁이었지만 지금은 더 이상 왕궁이 아닌, 하나의 역사적 장소에 불과하기에 국가 정체성과 관련된 문제는 없다. 다만 인도네시아 대통령의 환영식에서 조선시대의 의장대 사열과 궁중무용 공연이 이루어짐으로써 일시적으로 조선 왕궁의 의미가 소환되었다고 볼 수는 있다. 이 역시 국가 정체성의 혼동이라는 대혼란의 일부임은 물론이다.

거대한 뿌리의 이름은

3·1운동 백주년을 한 해 앞둔 2018년 3월 1일 문재인 대통령 내외는 독립문 앞에서 태극기를 흔들며 만세를 불렀다. 이날 문재인 대통령은 "3·1운동이라는 이 거대한 뿌리는 결코 시들지 않는다. 이 거대한 뿌리가 한반도에서 평화와 번영의 나무를 튼튼하게 키워낼 것"이라고 하면서 "독도는 일본의 한반도 침탈 과정에서 가장 먼저 강점당한 우리 땅이다. 지금 일본이 그 사실을 부정하는 것은 제국주의 침략에 대한 반성을 거부하는 것이나 다를 바 없다. 위안부 문제 해결에 있어서도 가해자인 일본 정부가 '끝났다'라고 말해서는 안 된다. 전쟁 시기에 있었던 반인륜적 인권범죄 행위는 끝났다는 말로 덮어지지 않는다. 불행한 역사일수록 그 역사를 기억하고 그 역사로부터 배우는 것만이 진정한 해결"이라고 말했다.

대통령이 말한 '거대한 뿌리'는 과연 무엇이었을까. 일제에의 저항? 그런데 참으로 아이러니한 것은 독립문 자체가 일본의 영향 하에 세워진 것이라는 사실이다. 독립문은 서재필이 주도하고 독립협회가 중심이 되어 1897년에 건축되었다. 그것은 일본이 청일전쟁에서 승리한 뒤 시모노세키조약을 맺으면서 조선의 독립이 국제법상으로 확인된 것이 계기가 되었다.[03] 당시 서재필은 〈독립신문〉을 통

---

03 "양국은 조선이 완전한 자주독립국임을 인정한다." 시모노세키조약 제1항

해 조선이 청나라의 책봉 제체에서 벗어난 것을 상징하는 건축물이 필요함을 역설했다.

 "조선이 몇 해를 청나라의 속국으로 있다가 하나님 덕에 독립이 되어 조선 대군주 폐하께서 지금은 세계의 제일 높은 임금들과 동등이 되시고, 조선 인민이 세계에서 자유로운 백성이 되었으니, 이런 경사를 그저 보고 지내는 것이 도리가 아니요, 조선 독립된 것을 세계에 광고도 하며, 또 조선 후생들에게도 이때에 조선이 분명하게 독립된 것을 전하자는 표적이 있어야 할 터이요."[04]

 그러니까 독립문은 일본으로부터의 독립이 아니라 중국으로부터의 독립을 기념하기 위한 것이었다. 그런 만큼 조선시대에 중국 사신을 맞이하기 위해 있던 영은문(迎恩門)을 헐고 그 자리에 세운 것이었다. 이런 독립문 앞에서 3·1운동 기념행사를 치르면서 항일을 이야기한다? 이 정도의 기본적인 사실도 대한민국의 대통령이 모르고 있었단 말인가. 독립은 어떤 독립이든 무엇으로부터의 독립이든 상관없이 똑같다는 말인가. 이것은 과연 코미디인가 무엇인가. 이런 상황에서 김수영의 시 제목에서 가져왔을 '거대한 뿌리'가 의미하는 것은 민족이라는 대타자(大他者), 바로 그것인 것일까.

 "전통은 아무리 더러운 전통이라도 좋다.

---

04 〈독립신문〉, 1896년 7월 4일

나는 광화문 네거리에서 시구문의 진창을 연상하고 인환(寅煥)네 처
갓집 옆의 지금은 매립한 개울에서 아낙네들이 양잿물 솥에 불을
지피며 빨래하던 시절을 생각하고 이 우울한 시대를 파라다이스처
럼 생각한다.

버드 비숍 여사를 안 뒤부터는 썩어빠진 대한민국이 괴롭지 않다.
오히려 황송하다. 역사는 아무리 더러운 역사라도 좋다.

진창은 아무리 더러운 진창이라도 좋다. 나에게 놋주발보다도 더
쨍쨍 울리는 추억이 있는 한 인간은 영원하고 사랑도 그렇다."[05]

정말 이런 것일까.

대한민국의 이미지

대한민국은 공화국이다. 공화국을 단지 왕국이 아니라는 형식적
인 차원에서만 이해해서는 안 되지만, 그 단지 형식적인 차원에서
만 보더라도 어쨌든 공화국은 왕국이 아닌 것이다. 그런데 공화국
을 표방하는 대한민국에 과연 공화국이라는 의식과 이미지는 있는
가. 앞의 예에서 보듯이 대한민국은 말로만 공화국이지 그 의식과
이미지는 왕국의 그것에서 한 치도 벗어나지 못하고 있지 않은가.
물론 개인에게든 국가에게든 존재와 의식, 실재와 표상의 관계는
간단하지 않다. 존재와 의식이 일치하는 것을 참된 인식이라고 하
고 그렇지 않은 것을 이데올로기라고 한다. 마찬가지로 실재와 표

---

05 김수영, 『거대한 뿌리』 중에서

상이 상응하는 것은 진실이라고 하고 그렇지 못한 것을 거짓이라고 한다. 물론 이 둘의 완전한 일치는 그 둘을 정확히 정의내리기 힘든 만큼이나 어려운 일이지만, 그 간극의 정도가 지나치면 결코 정상적이라고 할 수 없다.

이런 관점에서 보면 대한민국의 경우에는 그 존재와 의식, 실재와 표상이 일치하기는커녕 거의 완벽하게 불일치한다. 존재는 공화국이지만 의식은 왕국, 실재는 근대국가이지만 표상은 중세국가인 것이다. 아니 어쩌면 존재의 공화국, 실재의 근대국가라는 가정 자체가 틀린 것일지 모른다. 대한민국의 경우에 '존재가 의식을 결정한다'라는 마르크스의 명제는 들어맞지 않는다. 반대로 의식이 존재를 결정하고 표상이 실재를 증명한다고 보아야 맞을지 모른다.

국가의 의식과 표상은 다양하다. 언어적인 것도 있고 시각적인 것도 있고 '국가(國歌)'와 같이 청각적인 것도 있다. 언어적 표현으로 가장 명시적인 것은 '헌법'이다. 대한민국 헌법 제1조 1항은 "대한민국은 민주공화국이다"라고 되어 있다. 이것이 대한민국의 정체(政體)와 국체(國體)에 대한 규정이다. 성문법인 헌법은 그 자체로 대한민국에 대한 가장 공식적인 언어적 표현인 것이다. 그러나 언어적 표현 이외에도 다양한 시각적 표현이 있다. 대표적으로 국기와 국가 문장(국장), 대통령 문장, 정부 상징 등이 있다. 그런데 대한민국을 대표하는 상징들에는 하나같이 태극 문양, 봉황 문양 등 봉건 왕조의 도상들이 들어가 있다. 이 점이 '공화국'이라는 언어적 표현과 상충된다.

태극기는 『주역』이라는 중국 전통 형이상학에 나오는 도상을 차용하고 있다. 이는 국장과 정부 상징[06]에도 마찬가지이다. 한국인들이 예로부터 태극 문양을 사랑한 것은 맞지만, 이것이 공예품이 아니라 국가 상징물에 사용되는 것은 이야기가 다르다. 거기에는 공화국과 관련된 어떠한 의미도 들어 있지 않기 때문이다. 대통령 문장의 봉황 무늬도 마찬가지이다. 이러한 도상들은 하나 같이 왕국의 유산일 뿐 공화국의 표상이 될 수 없다. 게다가 광화문광장과 화폐에도 죄다 조선시대 인물들뿐이지 않은가 말이다.

이를 어떻게 이해해야 할까. 왕국이냐 공화국이냐, 이런 걸 일일이 따지지 말고 그냥 우리의 전통이라고 싸잡아 생각하면 되는 것일까. 그러나 위에서도 말했다시피 국가의 공식적인 차원과 전통문화는 구별해야 한다. 전통의 계승이 전통적인 통치 체제와 신분 제도, 세계관을 물려받는 것을 의미하는 것은 아닐 것이다. 아무리 전통이라도 다른 건 다른 것이고 조상이라도 남이면 남인 것이다. 이것을 혼동한다면 국가라는 것이 무슨 의미가 있고 체제를 이야기하는 것이 무슨 소용이 있다는 말인가.

오랜 역사를 가진 유럽 국가들의 경우 국가 상징에서 전통적인 요소를 많이 볼 수 있다. 성(城), 칼, 방패, 깃발, 사자, 독수리 같은 군주를 상징하는 도상이 들어간 문장(紋章)들이 그렇다. 하지만 이는

---

06 2016년 3월 기존의 다양한 디자인 대신에 태극 문양을 넣어 통합된 새로운 정부 상징을 채택했다. 수백 개의 정부 부처와 기관의 상징을 하나로 통합했다는 점에서 긍정적인 평가가 있는 반면에 획일적이라는 비판도 일었다.

영국처럼 입헌군주국의 형태를 취하고 있는 국가들이나 그런 것이지, 근대 공화국의 모델인 프랑스의 경우에는 전혀 그렇지 않다. 프랑스 헌법 제1장 제2조는 공화국에 대한 규정으로 이루어져 있다. 그중 일부는 이렇다.

② 국가의 상징은 청, 백, 적의 삼색기다.
③ 국가(國歌)는 '라 마르세예즈'이다.
④ 공화국의 국시는 '자유, 평등, 박애'이다.

이처럼 프랑스 헌법은 공화국의 시각적·청각적·언어적 상징에 대해서 명확히 규정하고 있다. 하지만 우리 헌법에는 이런 부분이 없다(개별법에는 일부 있다). 물론 이러한 차이는 단지 선택적인 것일 수도 있지만, 어쩌면 우리의 공화국이 실제로 눈에 보이지 않기 때문에 그런 것은 아닐까. 공화국이 눈에 보인다, 또는 보이지 않는다는 것은 무슨 말인가. 사실 민주주의는 행위의 영역으로서 눈에 보이지 않는다. 그러나 공화국은 형식의 문제로서 눈에 보일 수 있고 보여야 한다. 민주주의가 소프트웨어라면 공화국은 하드웨어라고 할 수 있지 않을까. 그러니까 소프트웨어인 민주주의는 눈에 보이지 않더라도 하드웨어인 공화국은 눈에 보여야 한다는 것이다. 그런데 과연 우리의 공화국은 눈에 보이는가.

근대국가와 민족주의

대한민국은 근대국가(modern state)이다. 근대국가는 15~18세기에 유럽에서 등장한 이래 세계로 퍼져나간 국가 형태로서 19세기 중반 일본을 필두로 하여 동아시아에도 도입되었다. 한국은 중세국가의 붕괴 이후 식민지 근대국가를 거쳐 20세기 후반에야 민족적 근대국가를 가지게 되었다. 근대국가의 대표적인 특징으로 흔히 '폭력의 독점'(막스 베버)을 드는데, 좀 더 정확하게는 이렇게 정의할 수 있겠다.

"근대국가는 상비군, 관료제, 조세 제도 등의 수단을 통해 일정한 지역 내에서 중앙 집중화된 권력을 행사함으로써 대내적으로는 사회 질서를 안정적으로 유지하고, 대외적으로는 다른 국가들과 경쟁하면서 이들로부터 배타적인 독립성을 주장하는 정치 조직 또는 정치 제도이다."[07]

아무튼 현재의 대한민국이 외형적으로나 기능적으로나 근대국가의 반열에 드는 것은 분명하다. 다만 문제는 앞서 지적한 것처럼 근대국가로서의 자기의식과 내면일 것이다. 특히 국기에서부터 정부

---

07 김준석, 『근대국가』, 책세상, 2011, 14쪽

상징에 이르기까지 시각적 상징의 차원에서 전혀 근대국가적인 내용을 갖고 있지 못한 것을 그저 그럴 수도 있다거나 사소한 것으로 치부할 수는 없다. 어쩌면 시각 이미지야말로 근대국가 대한민국의 숨길 수 없는 무의식을 드러내는 것일지도 모른다. 그렇다면 실로 거기에는 근대국가 대한민국 형성의 비밀이 숨어 있는 것일 수도 있다. 내면으로 억압되어 드러날 수 없었던 그 무의식이, 거꾸로 가장 적나라한 시각적인 외양으로 드러날 수밖에 없는, 외양과 내면의 불일치라는 그 역설적인 구조의 모순을 통해서 말이다.

한국의 근대국가 수립 과정을 되돌아보면, 서세동점의 파고(波高) 속에서 주체적 근대화에 실패한 조선은 일본의 식민지가 됨으로써 식민지를 통해 최초로 근대국가(일본제국)를 경험한다. 그러나 그것은 제국의 2등 국민으로서 매우 제한된 경험이었다. 일본으로부터의 해방 이후에는 미국의 후견 하에 마침내 민족적 근대국가를 수립하게 된다. 이러한 일련의 굴곡진 과정에서 강력한 내적 동력으로 작용한 것은 바로 민족주의였다. "민족주의는 일반적으로 민족의 생성, 동질성 유지, 번영을 목표로 하는 근대 이데올로기로 규정된다. 민족주의는 근대국가의 이념적 기초가 되었으며 그것을 통하여 근대국가는 통치의 정당성을 획득할 수 있었다."[08] 이 점에서는 한국도 예외가 아니었다. 아니, 오히려 가장 극단적인 형태를 보여 주었다고 해도 과언이 아니다. 근대화의 실패와 식민지 경험은 한국인들에게 민족주의에 대한 열망을 갖게 했고, 이는 근대국가 수

---

08 권혁범, 『민족주의는 죄악인가』, 생각의 나무, 2009, 75쪽

립이라는 목표로 치닫게 만들었다. 다음 말마따나 한국의 민족주의는 민족국가 수립의 연료 그 자체였다.

"전근대에 존재하던 동족이나 그와 비슷한 것에 의지한 이질적 집단들이 여러 가지 역사적인 복합적 과정을 거쳐서 근대에 들어와 그들만의 국가를 열망할 때 비로소 민족이 탄생한다. 따라서 '민족 형성의 과정이란 곧 국가 구성의 과정에 다른 것이 아니다.'"[09]

하지만 한국의 민족주의는 아직도 목마르다. 왜냐하면 민족 통일이라는 지상의 과제를 남겨놓고 있기 때문이다. 그럼에도 불구하고 적어도 20세기 후반에 남북한이 각기 근대국가를 수립하는 데 성공한 것은 사실이다. 문제는 봉건국가의 붕괴로부터 근대국가를 수립하는 과정에서 한국인의 주체성이 매우 제한적으로 작용했다는 점이다. 중국으로부터의 독립은 일본에 의해 이루어졌고(청일전쟁), 일본으로부터 독립은 미국에 의해 이루어졌으며(2차 세계대전), 대한민국의 건국 역시 미국의 절대적인 영향 하에서 가능했던 것이다. 일제에 대한 치열한 투쟁의 결과 우리 민족이 독립했다는 북한의 '조선혁명' 서사나 그것의 남한판 서사('동학혁명'에서 '촛불혁명'까지)는 역사적 사실이 아니다. 우리가 상상하는 그런 독립전쟁은 없었다. 항일무장투쟁이 일부 있었지만, 그 정도는 미약했다. 아무튼 이처럼 중세국가-식민지 근대국가-민족적 근대국가로 이어지는 역사 속에

---

09 권혁범, 46쪽

서 국체와 정체는 심하게 요동쳤으며, 어쩌면 그러한 혼란 속에서 한국인에게 연속된 정체성을 부여할 수 있는 유일한 원천은 '확대된 혈연가족'으로서의 민족과 그를 뒷받침하는 민족주의 밖에 없었다고 할 수 있을 것이다.

이것이 바로 한국의 민족주의가 왜 그렇게 강력한지를 설명해주는 이유이다. 이는 반대로 왜 한국의 근대국가 수립 과정에서 공화주의의 싹이 솟아날 수 없었는지를 이해할 수 있게 해주는 것이기도 하다. 따라서 한국의 근대국가는 오로지 민족주의를 통해서만 내적으로 통합될 수밖에 없었고, 민족주의가 요청한 '전통의 발명'(에릭 홉스봄)에 의해서만 과거와 연결될 수밖에 없었다. 그 결과 근대국가 한국은 스스로 건설한 공화국이라는 의식 자체가 매우 희박하다. 그러니까 한국의 국가는 비록 근대국가의 외형을 가지고 있지만, 그 의식의 실제적인 차원에서는 중세국가의 연장에 지나지 않는 것이다. 이것이 바로 대한민국의 이미지가 왜 그처럼 한결같이 중세적인가에 대한 설명이 된다. 헌법상의 국가와 실제상의 국가의 불일치. 몸은 공화국이지만 정신은 여전히 왕국으로부터 벗어나지 못하고 있는 현실이야말로 그 명백한 증거가 아닐까.

공화국 만들기

한국인들이 근대국가를 건설하는 과정에서 민족주의라는 통합의 기제는 불가피했을 수 있다. 적어도 민족주의는 전통적인 신분을 넘어서 민족 구성원의 내적 평등을 전제하고 있으니까 말이다. 하지만 '공공선(bonum publicum)'의 실현을 위한 '시민적 덕성(virtu civile)'이 뭔지를 모르는 상태에서 단순히 확대된 혈연공동체로서의 민족과 민족주의만으로는 제대로 된 근대국가가 만들어질 수 없다. 왜냐하면 공공선과 시민적 덕성이야말로 민족주의와 함께 근대국가의 골격을 이루는 공화주의의 핵심적 요체이기 때문이다. 따라서 한국과 같은 공화주의 없는 민족주의는 필연적으로 결손국가를 낳을 수밖에 없고 그것은 집단주의와 전체주의로 귀결될 뿐이다.

이러한 결손국가가 자기 정당화를 위해서 동원할 수 있는 것은 봉건적인 전통일 수밖에 없었다. 개화기의 애국계몽운동이나 근대 초기의 공화주의 운동 수준을 넘어선, 한국인 자신에 의한 최초의 본격적인 근대화 프로젝트라고 할 수 있는 박정희의 '조국 근대화 운동'도 충효사상과 향촌 공동체 의식과 같은 전통적인 이데올로기를 이용했다. 따라서 거기에서도 물질적인 차원에서의 근대화를 제외한 근대적인 정치 문화로서의 공화주의는 찾아볼 수 없다. 아직도 조선을 우리나라라고 말하는 사람들에게 공화국이 무엇인가를 어떻게 가르칠 수 있으랴.

대한민국은 1948년에 태어났지만 그것은 출발일 뿐이다. 대한민국의 기원과 정체성에 대해서는 여전히 8·15를 둘러싸고 해방(1945년)인가 건국(1948년)인가 하는 건국절 논쟁이거나 아니면 이승만과 김구 중에서 누가 국부인가 하는 국부 논쟁이 전부이다. 그 역시 따져야 할 일인지는 모르겠으나, 그 이전에 공화국으로서의 대한민국의 정체성은 무엇이며 무엇이어야 하는가에 대한 논쟁은 찾아볼 수 없다. 이런 현실에서 시각문화의 차원에서만 보면 대한민국은 없다. 근대국가 대한민국은 조선왕국의 이미지로 커버되어 있을 뿐이다.

박근혜 대통령 탄핵 정국에서 등장한 태극기 부대로 인해 역사상 처음으로 태극기에 대해 부정적 이미지가 생겨난 것은 매우 주목할 사실이라고 해야 할 듯싶다. 그러나 그 이전에 태극기가 과연 대한민국의 국기로 적합한가에 대한 물음이 던져져야 한다. 어쩌면 이러한 물음을 던지는 과정 자체가 미국이나 프랑스와 다른, 우리 방식의 공화국 만들기일지도 모른다. 민주주의가 완성되지 않듯이 공화국 역시 결코 완성되는 법이 없다. 그것은 하나의 과정이다. 공화국에 대한 시각적 상징은 그러한 과정에서의 한 지표일 것이다. 그러한 이미지를 찾아가는 과정이 바로 또 다른 차원에서의 대한민국 만들기일 것이기 때문이다. 공화국 역시 태어나는 것이 아니라 만들어지는 것이다.

2. 국가와 국기와 나[10]
태극기의 신화를 넘어서

기호와 현실

미로처럼 계단을 몇 번씩이나 감아 올라가면서 찾아간 구석진 강의실. 그날 그 비좁은 공간에서 숨죽이며 본 영상. 그 영상 속에서 하나의 기호가 붕괴되고 있었다. '국군=우리 편'이라는 기호. 그날 이후, 나에게 '국군'이라는 기표는 더 이상 '우리 편'이라는 기의를 갖지 않는다. 물론 1980년 광주항쟁의 진실은 단지 기호로 환원되지 않는다. 그러나 그 진실이 그때까지 견고했던 하나의 기호를 붕괴시킨 것만은 분명하다. 기호를 붕괴시킨 것은 텍스트 내부가 아니라 외부, 즉 현실이었다. 그날 이후 나의 삶은 바뀌었다. 수전 손택이 어릴 적 본 유대인 수용소의 사진이 자신의 삶을 바꿔놓았다고 말한 것처럼.

요즘 태극기를 보면서 기호의 붕괴를 느끼는 사람들이 많은 것 같다. 그들은 일명 보수단체 사람들이 태극기를 흔드는 모습을 보고 혼란을 느끼며 이해할 수 없다고들 말한다. 왜? 지금 그들이 경험하는 기호의 붕괴란 무엇일까. 한쪽에서는 촛불집회를 하고 다른 한쪽에서는 맞불집회를 한다. 촛불집회를 하는 사람들은 대통령 탄

---

10 이 글은 〈월간 미술〉 2017년 3월호에 실린 것이다.

핵을 주장하며 촛불을 흔든다. 맞불집회에 참석한 사람들은 탄핵 반대를 외치며 태극기를 흔든다. 그들은 그것도 모자라 태극기를 몸에 두르고 심지어 성조기를 들고 나오기까지 한다. 과연 이들 각자에게 태극기의 의미는 무엇일까. 현상적으로 보면 태극기를 흔드는 사람은 촛불 시민이 아니라 주로 보수단체 사람들이다. 그들은 왜 태극기를 흔드는가. 그들에게 태극기는 어떤 의미일까.

보수단체 사람들은 탄핵을 반대하고 대통령을 지키기 위해서 태극기를 흔든다. 그들은 태극기와 대한민국과 대통령을 동일시하면서, 그것이 어떠한 도전도 받아서는 안 되는 신성한 삼위일체라고 주장한다. 하지만 촛불 시민들은 보수단체들의 이러한 태극기 시위를 이해할 수 없다. 왜냐하면 권력을 사유화함으로써 헌법을 위반한 대통령이야말로 태극기의 의미를 정면으로 배신한 사람이며, 결코 태극기의 이름으로 옹호될 수 없다고 보기 때문이다. 여기에서 우리는 촛불 시민과 보수단체 사람들에게 태극기가 전혀 다른 의미로 받아들여진다는 사실을 확인할 수 있다. 그러니까 지금 우리는 태극기를 둘러싼 상이한 해석과 사용이 광장에서 충돌하는 모습을 목격하고 있는 것이다.

그런데 어쩌면 지금 이러한 대립보다도, 그것을 넘어서, 우리가 진짜 진지하게 생각해보아야 할 것은 태극기라는 기호 그 자체에 대해서가 아닐까. 그러니까 촛불 시민이든 보수단체이든, 비록 그 해석과 사용은 달리 할지라도, 태극기가 대한민국을 표상한다는 사실 자체에는 이견이 없어 보인다. 그들은 '태극기=대한민국'이라는 기호를 공유하고 있다. 그래서 나는 그들의 차이 못지않게 그러한 공통점의 지반에 대해서 물어보고 싶은 강렬한 욕구를 느낀다. 왜, 우리는 입장의 차이에도 불구하고 태극기라는 기호 자체에 대해서는 아무런 의심을 하지 않는 것일까. 과연 태극기라는 기호(그 기표와 기의의 조합)는 의심할 여지없이 자명한 것일까.

기호가 자의적이라는 것은 현대 언어학의 기본 인식이다. 모든 기호는 자명하지 않고 자의적이다. 물론 기호가 자의적이라는 것은 그것이 차이에 의해 성립된다는 이야기이다. 그러므로 태극기라는 기호 역시 자의적인 것으로서 차이의 생산에 의해 성립, 존재하고 있을 뿐이다. 그래서 나는 태극기라는 기호가 어떤 차이를 생산하면서(또는 생산하지 않으면서) 어떻게 성립되어 있는지에 대해서 따져보고자 하는 것이다. 왜냐하면 자의적인 기호가 자명한 것으로 받아들여질 때 그것은 신화가 되기 때문이다. 우리의 공화국이 이러한 신화 위에 세워져 있다는 것이 더 이상 비밀이 되어서는 안 된다.

도상과 신화

"동해물이 마르고 백두산이 닳는데 얼마나 시간이 걸릴까?"

학생들에게 가끔 이런 질문을 던진다. 학생들은 질문의 의도를 이해하지 못하고 어리둥절해한다. 그러면 나는 이런 설명을 덧붙인다. "동해물이 마르고 백두산이 닳아 없어지는 데는 아마도 수십만 년 또는 수백만 년이 걸릴 것이다. 그러므로 대한민국이 그때까지

존속할 가능성은 제로 이하이다. 고로 '동해물과 백두산이 마르고 닳도록 하느님이 보우하사'라는 애국가의 가사는 신화에 다름 아니다."

신화는 역사를 자연화하는 것이다. 인간 세상의 모든 것은 의식적이든 아니든 간에 작위적인 인간 행위의 결과이지만, 마치 그것을 자연처럼 본래적이고 영구적인 것인 양 바꿔치기 하는 것, 그것이 바로 신화이다. 그러면 왜, 사람들은 신화를 만들어내는가. 그것은 당연히 정당화하기 위해서다. 어떤 특정한 인간이, 특정한 의도로 무언가를 만든 것이 아니라 하느님이, 자연이 만든 것이라고 하면 어느 누구도 시비를 걸 수 없기 때문이다. 이처럼 역사를 자연화함으로써 모든 도전과 반대를 차단하는 것이 신화와 신화 만들기의 목적이다.

그러므로 신화는 신성화에 다름 아니다. 국가 역시 신화에 의해 신성화된다. 대한민국은 1948년에 세워진 신생국가이며 다른 모든 국가들과 마찬가지로 영원하지 않을 것이다. 그러므로 애국가는 역사적 국가인 대한민국을 자연으로 치환하여 신화화하는 기능을 맡고 있다고 말할 수 있다. 이처럼 대한민국을 신화하는 데 사용되는 가장 기본적인 텍스트는 애국가와 태극기이다. 그러므로 역사적 대한민국과 신화적 대한민국이 어떻게 다른지를 알아보기 위해서는 애국가와 태극기를 분석해보아야 한다. 그를 통해서 역사적 대한민국과 신화적 대한민국이 어떻게 상호작용하면서 서로를 정당화하고 있는지를 살펴볼 수 있을 것이다.

그중의 하나인 태극기를 해부해보자. 태극기의 해부는 크게 세 가지 차원으로 나누어 접근할 수 있다. 첫째는 태극기의 도상학(Iconography)[11]이다. 이는 태극기의 도상 기호 그 자체에 대한 분석이다. 둘째는 태극기의 계보학(Genealogy)이다. 즉, 태극기가 역사적으로 등장하게 된 과정을 권력의 작용이라는 관점에서 보는 것이다. 셋째는 태극기의 역사학(History)이다. 이는 말 그대로 태극기라는 텍스트가 등장한 이후 생산해온 실천적 의미의 총합이다.[12] 이처럼 태극기라는 기호에 대한 이해는 도상의 형식적인 측면만이 아니라, 그것의 등장 배경과 역사적으로 축적되어온 의미까지를 모두 입체적으로 살펴보아야만 가능하다.

첫째, 도상학. 앞서 언급했다시피 태극기의 도상은 고대 중국의 『주역』에 기반을 두고 있다. 사람들은 흔히 태극기가 철학적이어서 좋다고들 말하는데, 과연 국기가 철학적이어서 좋은 건 무엇일까. 그리고 또 그 철학이라는 것이 도대체 어떤 철학인가. 태극기에 담긴 철학이라는 것은 소위 음양오행이라고 부르는 고대 중국의 형이상학 아닌가. 그게 도대체 현대의 공화국 대한민국과 무슨 상관이

---

11 도상학(圖像學)은 회화, 조각, 기념품 등의 도상(icon)을 연구하는 미술사의 한 분야이다. 개별적인 도상의 의미를 파악하는 도상학과 달리 이를 체계적이고 종합적으로 연구하는 분야를 별도로 도상해석학(Iconology)이라고도 한다. 독일 출신의 미국 미술사학자인 어윈 파노프스키가 대표적인 학자이다.

12 달리는 화용론(話用論, Pragmatics)이라고 부를 수도 있겠다. 화용론은 하나의 기호가 시간, 공간, 청자와 화자 등 구체적인 상황 속에서 특정한 의미를 갖는 것을 말한다. 태극기의 화용론은 태극기의 도상학적 의미를 넘어서 그것이 구체적인 현실 속에서 어떤 의미를 갖고 사용되었는가를 묻는 것이다.

란 말인가. 대한민국은 중세의 신성국가가 아니라 근대의 세속국가이다. 세속국가의 국기는 국가의 이념을 표현해야지 형이상학적이거나 종교적 신념을 담아서는 안 된다. 대표적인 세속국가인 프랑스의 삼색기는 자유, 평등, 박애라는 공화국의 이념을 표현하고 있다. 그에 비해 태극기에는 어떠한 공화주의적인 의미도 찾아볼 수 없다. 종교 공동체가 아니라 정치 공동체인 현대국가의 국기는 정치적이어야지 철학적이어서는 안 된다. 굳이 철학적이어야 한다면 그것은 근대 정치철학이어야 한다.

둘째, 계보학. 푸코에 의하면 계보학은 사물의 발생에 작용한 권력의 구조를 탐구하는 것이다. 태극기가 그런 도상을 갖게 된 것 역시 그 태생적 배경과 무관하지 않다. 태극기는 19세기 말에 만들어졌다. 이것이 말해주는 것은 태극기가 대한민국의 국기이기 이전에 먼저 조선의 국기였다는 사실이다. 그러니까 태극기는 조선에서 대한민국으로 계승되고 있는 것이다. 외국에도 그런 사례가 없는 것은 아니지만, 왕국과 공화국은 근본적으로 국체가 다르기 때문에 그 표상을 공유한다는 것 자체가 결코 자연스러워 보이지는 않는다. 그런 점에서 태극기는 이해하기 힘든 지점을 내포하고 있다. 그런데 이는 한국 근대사 자체에 내재된 모순으로 인한 것이라고 밖에 설명할 수 없다.

역사를 거슬러 올라가보자. 조선은 1876년 강화도조약으로 인해 개항하였다. 모두 12개로 이루어진 조약문의 제1조는 이렇다. "조선은 자주국이며 일본과 동등한 권리를 가진다." 이게 무슨 말이겠는

가. 조선은 이제 중국의 속국 지위로부터 벗어나 독자적으로 행동해야 한다는 것이다. 물론 여기에는 조선을 중국으로부터 분리시킨 다음 지배하려는 일본의 야심이 들어 있다. 중국의 속국이었던 조선은 일본이 요구하는 만국공법(국제법)이 뭔지도 잘 모르는 상태에서 근대 세계 질서 속으로 끌려 들어갔다.

이후 조선은 서구 각국과 잇달아 외교 관계를 맺게 되는데, 이런 과정에서 자연스레 국가를 표상하는 국기가 필요해졌다. 그런데 조선이 국기를 만드는 과정에도 중국이 직접적으로 개입했다. 아직 조선은 중국으로부터 실제적으로 독립하지 못했던 것이다. 태극기는 당시 조선의 외교 자문을 맡고 있던 중국 관리인 마첸충(馬建忠)이 만든 것으로 알려져 있다. 그는 중국 국기인 황룡기를 응용한 것과 태극 문양을 적용한 것 두 가지를 제안했는데, 조선은 이중에서 태극기를 선택했다고 한다. 이후 조선은 태극기를 들고 국제무대에 나가게 되었다.

이렇듯, 태극기는 원래의 조선의 국기였다. 그런데 조선의 멸망 이후 상해 임시정부가 태극기를 국기로 채택했으며, 1948년 대한민국 역시 그대로 이어받았다. 앞서 지적했듯이, 봉건왕국이었던 조선의 국기를 공화국을 표방하는 대한민국이 계승한 것에 대해서는 이해하기가 어려운 부분이 없지 않다. 설사 국권회복과 독립운동 과정에서 태극기가 가졌던 상징적인 의미를 높이 평가했다고 하더라도 그렇다.

셋째, 역사학. 역사적 의미는 물론 매우 중요하다. 태극기의 도상과 계보학 못지않게 그것이 역사 속에서 실질적으로 사용된 의미와 맥락을 간과해서는 안 된다. 설사 그 도상적 의미와 태생이 어떠하든 간에, 한국 근대사에서 태극기가 가졌던 의미를 결코 가볍게 볼 수는 없다. 식민지 시기의 독립운동과 탈식민지 시기의 민주화 운동에서 태극기는 강렬한 열망과 단심(丹心)의 표상이었기 때문이다. 물론 권위주의 시대에는 정권을 정당화하기 위해 국가의 이름으로 태극기 숭배가 강요되기도 했지만 말이다. 이처럼 역사적으로 볼 때 태극기는 민족 해방과 민주화의 표상이라는 긍정적인 측면과 함께 국가에의 충성을 강요하고 민주주의를 억압하는 기호로 사용되었다는 부정적인 측면을 모두 가지고 있다.

또 이와 다른 측면에서 태극이 예전부터 우리 조상들이 즐겨 사용하던 문양의 하나였다는 사실도 무시할 수는 없다. 그런 점에서 태극기는 일종의 전통 또는 민속문화로서의 가치를 지닌다. 지금도 국가 상징을 비롯하여 정부와 민간에서 다양한 형태로 태극 문양을 활용한 디자인이 사용되고 있는 것을 보면, 비록 식상한 느낌이 들지 않는 것은 아니지만, 한국인들이 태극 문양을 얼마나 사랑하는지를 확인할 수 있다.

그럼에도 불구하고, 앞에서 어느 정도 드러났듯이, 태극기가 가진 근본적인 한계 역시 언제까지나 외면할 수는 없는 노릇이다. 불경한 비유일지 모르지만, 설사 아무리 볼품이 없을지라도 어려움을 함께 한 조강지처를 버릴 수 없듯이, 고난의 시절, 우리 민족과 함께 한 태극기의 의의를 함부로 폄하해서는 안 될 것이다. 그러나, 그럼에도 불구하고, 속된 말로 '원판 불변 법칙'이라는 것이 있듯이, 태극기가 고대 중국 형이상학의 이마골로지(Imagology)를 벗어나지 못하는 것도 사실이며, 이것이 원래 조선왕국의 국기였다는 불편한 진실 역시 덮어지지 않는다.

아무튼 태극기는 공화국의 국기가 되기에는 도상적인 측면에서나 제정 배경에서 근본적인 한계를 안고 있는 기호임이 분명하다. 그런데 어쩌면 태극기의 도상 자체의 신화성보다도 태극기가 국기로서 갖는 신화적인 차원이 더 문제일지도 모른다. 롤랑 바르트는 기호의 의미작용(signification)을 두 단계로 나눈다. 기표와 기의의 결합으로 이루어지는 의미작용이 1차적인 것이라면, 일단 이렇게 이루어진 의미작용 자체를 또 하나의 기표로 삼아, 거기에 기의가 대응되면서 이루어지는 2차적인 의미작용이 있는데, 이것이 바로 신화라고 말한다.

예컨대 '비둘기'라는 기표(음성 또는 시각 재료)와 기의(새의 종류)가 만들어낸 1차적인 의미작용은 말 그대로 '비둘기'라는 새의 의미이다. 그런데 이 '비둘기'라는 새의 의미 자체를 기표로 삼아 거기에 '평화의 상징'라는 기의가 대응되면서 이루어지는 2차적인 의미작용, 즉 '비둘기=평화의 상징'이라는 것은 곧 신화가 된다는 것이다. 그렇게 볼 때 태극이라는 도상(기표)과 음양(기의)의 결합에 의한 1차적인 의미작용을 기표로 삼아 만들어진, 태극기(기표)와 대한민국(기의)의 결합이 만들어낸 2차적인 의미작용, 즉 '태극기=대한민국'이라는 것이야말로 촛불 시민과 보수단체가 공유하는 신화인 것이다.

그러므로 어쩌면 지금 우리가 던져야 할 가장 근본적인 물음은 촛불 시민과 보수단체의 태극기에 대한 상이한 해석보다도, 오히려 촛불 시민과 보수단체가 공유하는 어떤 신화, 즉 태극기를 대한민국과 동일시하는 태도, 그것을 향해야 하지 않을까 한다.

태극기의 신화를 넘어서

"이게 나라냐."

이 물음은 한국 사회에서도 드디어 개인과 국가의 분리가 서서히 이루어지고 있음을 말해주는 것이 아닐까. 몇몇 사건을 통해서 한국인들은 개인과 국가가 동일하지 않음을 뼈저리게 깨달아가고 있는 중이다. 모름지기 근대국가는 이러한 개인과 국가의 분리 위에서 구성되어야 한다. 그런데 이러한 깨달음의 반대편에서 우파들은 태극기를 흔든다. "이게 나라냐"라는 물음에 대한 그들의 답이다. 그들은 이게 바로 나라라고, 나라에 대해서는 어떠한 이의도 제기해서는 안 된다고, 태극기 아래에 무릎을 꿇고 무조건 복종하라고 윽박지른다. 그들에게는 태극기가 곧 국가다.

사람들은 이제 국가가 곧 내가 아니라는 사실을, 국가와 나는 동일하지 않다는 사실을, 나와 동일시했던 그런 국가는 없다는 사실을, 국가가 나를 만드는 것이 아니라 내가 국가를 만들어가야 하는 것이라는 사실을 조금씩 깨달아가고 있다. 좌파가 그동안 태극기를 흔들었던 이유는 대한민국이 제대로 된 국가이기를 바랐기 때문일 것이다. 하지만 그런 기대가 처참하게 배신당한 지금, 좌파는 더 이상 태극기를 흔들 이유가 없어졌다. 그래서 좌파는 태극기를 버렸다(?). 국가와 자신을 동일시하는 것은 원래 우파적인 심성이다. 하지만 한국에서는 그동안 좌우 가리지 않고 모두 국가와 자신을 동일시해왔다. 그래서 좌파와 우파 모두 태극기를 숭배했던 것이다. 이 또한 한국 사회에서 좌파와 우파란 과연 무엇인가에 대해 근본적인 물음을 던지게 만드는 것이 아닐 수 없다.[13]

하지만 "이게 나라냐"라는 물음을 통해서, 이제 한국 사회에서도 국가와 개인의 분리가 서서히 이루어지고 있지 않은가 하는 판단을 조심스럽게 해본다. 세월호에서부터 대통령 탄핵까지, 촛불 시위 속에서 그러한 느낌을 흐릿하게나마 감지해본다. 이런 가운데 우파는 국가와 개인을 다시 접착시키고 싶어 한다. 그것이 보수단체의 태극기 시위로 나타나는 것이다. 그래서 이제 진짜 문제는 태극기를 통한 투쟁이 아니라, 태극기를 향한 투쟁이어야 하는 것 아닐까. 즉 대한민국을 신화화하는 하나의 기호로서의 태극기, 그리고 그 태극기가 표상하는 대한민국의 신성함을 의심해야 하는 것 아니겠는가 말이다. "이게 나라냐"가 아니라, "무엇이 나라냐"라는 물음을 던져야 하는 것 아닐까. 왜냐하면 어떤 자의적 기호가 자명함의 이름으로 우리를 지배하도록 내버려둘 것이 아니라, 반대로 우리가 그 기호의 자의성을 넘어서 삶의 자명성을 만들어가야 하기 때문이

---

13 한국 사회에서 좌파는 민족, 우파는 국가를 강조한다. 이는 한국 근대에서 민족과 국가가 일치되지 못한 결과 나타난 하나의 부조리한 증세이다. 그리하여 합리적 개인주의에 기반 한 자유주의적 전통이 부재한 상태에서, 한국 좌파의 민족주의와 우파의 국가주의는 그 이념의 차이에도 불구하고 모두 전체주의로 귀결될 수밖에 없다.

다. 그러므로 이제는 누가 태극기의 의미를 전유할 것인가 하는 차원을 넘어서, 태극기를 대한민국과 동일시하는 신화 그 자체를 넘어서야 할 때가 아닌가 한다. 이것이야말로 국가와 국기와 나의 관계를 주체적으로 재정립하는 일이 아니겠는가.

3. 광화문광장을 생각한다

광화문은 대한민국의 얼굴?

몇 년 전에 광화문 현판 글자를 한글로 바꾸자고 주장하는 사람들이 있었다. 그들의 주장은 광화문이 대한민국의 얼굴과 같은 곳이기 때문에 대한민국을 상징하는 한글로 바꿔야 한다는 것이었다. 그러니까 이들의 논리는 광화문=대한민국=한글이라는 것이다. 당시 나는 이들의 주장에 반대했다. 공개적으로 글을 쓰지는 않았지만, 그러한 운동을 하는 지인에게 반대한다는 의사를 밝히기도 했다. 나는 광화문이 대한민국의 얼굴이라고 생각하지 않으며 따라서 광화문 현판을 한글로 바꿔야 한다고도 생각하지 않는다. 내게 광화문은 조선의 궁궐인 경복궁의 얼굴일 뿐이며 광화문 안은 조선, 광화문 밖은 대한민국이라고 생각한다. 그러니까 광화문은 조선과 대한민국의 경계이지, 그 둘 다에 속한다고 보지 않는다는 것이다.

세종로 네거리에서 북악산을 바라보면 그 아래에 있는 경복궁이 시야에 들어온다. 세종로가 경복궁을 중심으로 하는 시각 회랑 (visual corridor)임은 분명하다. 경복궁은 아름다운 건물이며 소중한 문화유산이다. 하지만 그것은 조선에 속하지 대한민국에 속하지 않는다. 좀 더 정확하게 말하면 경복궁은 문화적으로는 대한민국에 속하지만 정치적으로는 대한민국에 속하지 않는다. 물론 대한민국은 조선을 계승한 국가가 아니지만, 한반도의 선대국가인 조선의 유산을 소중히 간직하고 다시 후손에게 물려줄 의무가 있다. 하지만 이것이 조선과 대한민국을 동일시하는 것이 되어서는 곤란하다. 무엇보다도 이러한 사고방식은 근대국가 대한민국의 정체성을 혼란스럽게 만들고 종족적 민족주의에 빠져들게 만들기 때문에 위험하다. 소중한 문화유산으로서 고궁을 지키는 것은 좋지만, 그것이 역사적 차원을 넘어서 정치적 차원으로 넘어와서는 안 된다. 그것은 국가와 체제를 혼동하는 것이다. 조선과 대한민국은 결코 섞일 수 없다. 전통 문화유산을 존중하고 보존하는 것은 여러 방식으로 얼마든지 가능하다. 하지만 이것이 현재의 국가 영역을 침범하고 교란시켜서는 안 된다.

3문화광장에서 1문화광장으로?

"서울의 곳곳에 켜켜이 쌓여 있는 여러 시간의 겹, 바꾸어 말하자면 땅의 지층(地層)이 아닌 시간의 층인 시층(時層)이 눈에 들어오기 시작했습니다. 저는 이처럼 시간의 층이 확인되는 공간을 '삼문화광장(三文化廣場)'이라고 부릅니다. '삼문화광장'은 멕시코의 수도 멕시코시티에 있는 틀라텔롤코(Tlatelolco)광장의 다른 이름입니다. 이곳에 서면 아스텍 시대, 에스파냐 식민지 시대, 그리고 현대의 건축을 한자리에서 볼 수 있기에 '세 문화의 광장(Plaza de las Tres Culturas)'이라고 하는 것입니다."[14]

    김영삼 정부 때 중앙청(구 조선총독부) 건물을 철거하기 전까지는 광화문광장도 3문화광장이었다. 거기에는 조선과 식민지 조선과 대한민국이라는 세 시기의 문화가 공존해 있었기 때문이다. 한일합방 이후 일제가 경복궁 앞에 총독부 건물을 세우면서 조선의 육조거리는 구 조선과 식민지 조선이 함께 있는 2문화광장이 되었다. 해방 이후 대한민국이 건립되고 총독부 건물을 대한민국의 중앙청으로 사용하게 됨에 따라 광화문광장은 3문화광장이 되었다. 그러나 중앙청이 없어지면서 광화문광장은 다시 2문화광장이 되었다. 경복궁과 광화문광장 사이에 있던 중앙청을 일제 잔재라면서 없애버리는 순간, 조선과 대한민국이 맞부딪치게 된 것이다.

    그런데 문제는 이것으로 그치지 않았다. 조선과 대한민국 사이를 가로막고 있던 구 조선총독부 건물을 치우자, 조선과 대한민국이 직접 만나는 것을 넘어서 조선이 대한민국을 집어삼키기 시작한 것이다. 중앙청은 일제의 조선총독부 건물이기도 하지만 일제 시기보다 더 오랫동안 대한민국의 정부청사로 사용된 건물이다. 중앙청은 이스탄불의 '아야 소피아 성당'처럼 두 국가, 두 체제가 공유한 건물이었다. 하지만 중앙청이 사라진 광화문광장에는 대한민국을 상징하는 이렇다 할 구조물이 눈에 띄지 않는다. 그리고 이제 우뚝하니 남겨진 왕조 시대의 상징물만이 조선 이후의 모든 것을 블랙홀처럼

---

14 김시덕, 『서울 선언』, 열린책들, 2018, 49쪽

빨아들이고 있는 것이다. 이렇게 3문화광장은 2문화광장이 되고, 2문화광장은 다시 1문화광장이 되었다. 이것이 지금 광화문광장의 상황이다.

경복궁과 광화문광장 사이를 거만하게 가로막고 있던 조선총독부 건물은 그 위치가 참으로 고약했다고 할 수 있다, 하지만 조선총독부 건물은 조선과 대한민국 사이에 끼어 있는 식민지의 존재를 의연히(?) 증명하고 있는 역사적 상징물이기도 했다. 그것이 아픈 것이든 어떤 것이든 간에, 한국의 식민지 근대화를 물질적으로 증거하는 표지물로 이보다 더 확실한 것은 달리 없을 것이다. 하지만 바로 그 조선총독부 건물을 제거하는 순간, 한국의 근대도 역사적으로 실종되었다. 그리고 그 결과 최종적으로는 식민지 역사도, 대한민국의 역사도 모두 조선의 역사 속으로 빨려 들어가게 된 것이다. 이것은 분명 하나의 미망(迷妄)이며 역사의 실종이라고 할 수 있다. 식민지의 흔적을 지우면 자주적이 될까. 그렇지 않다는 것을 광화문광장은 증언하고 있다. 김영삼 대통령은 '역사 바로 세우기'를 내세웠지만, 역사는 바로 볼 수는 있어도 바로 세울 수는 없는 것이다. 인위적인 역사 청산이야말로 역사 왜곡인 것이다. 역사 바로 보기야말로 진정한 역사 바로 세우기인 것이다.

테마파크와 놀이공원 사이에서

현재 경복궁의 성격은, 정확히 말하면 조선왕조 테마파크라고 할 수 있다. 이는 결코 경복궁을 폄하하는 말이 아니다. 경복궁은 조선 왕조의 법궁이었지만, 지금은 대한민국 최고의 문화유산이자 관광지로서의 역할을 하고 있다. 경복궁에는 날마다 수문장 교대식 같은 리얼리티 쇼가 펼쳐지며 한복을 입은 관광객이 넘쳐 난다. 그런 점에서 경복궁을 가리켜 조선왕조 테마파크라고 하는 것은 틀리지 않다.(그래서 나는 농담조로 '경복궁 월드'라고 부른다.)

경복궁은 대한민국의 대통령궁도 아니고 정부청사도 아니다. 경복궁은 역사적이고 문화적인 공간이지 대한민국의 정치적인 공간이 아니다. '광화문 현판 한글로 바꾸기 운동'처럼 역사적 공간과 정치적 공간을 혼동해서는 곤란하다. 경복궁의 현재적 의미를 정확히 직시해야 한다. 문화유산 정책의 기본 방향은 보존과 활용이다. 현재 경복궁은 대한민국 최고의 문화유산으로서 잘 보존되고 또 잘 활용되고 있다. 그런 점에서 나무랄 데가 없다. 경복궁에 대한민국의 정치적 의미를 부여하지만 않으면 된다. 역시 그런 점에서 문재인 정부 때 창덕궁에서 국가 공식 의례[15]를 한 것은 공화국의 가치에 혼란을 초래한 것으로서 크게 잘못된 일이다. 이러한 혼란이 초래된 이유에 대해서 건축가 황두진은 이렇게 설명한다.

"대한민국은 건국 과정에서 수도를 옮기지 않았습니다. 한반도에 존재했던 여러 국가들이 건국을 계기로, 혹은 변천 과정에서 수도를 옮긴 것과 대조됩니다. 이러한 사실은 지금도 서울이라는 도시

---

15 2018년 조코 위도도 인도네시아 대통령이 방한했을 때, 창덕궁에서 공식 환영식을 행한 바 있다. 이 책 54쪽에 실린 '대한민국은 없다' 참조.

를 인식하는 데 미묘한 변수로 작용합니다. 현재의 서울은 한때 백제의 수도였던 위례성과 고려의 남경, 조선의 수도였던 한양, 일제강점기 일본의 한 도시였던 경성, 그리고 그 너머 지역을 모두 아우르는 도시입니다. 게다가 그 직접적인 영향력은 행정적 경계를 넘어 수도권이라고 불리는 방대한 권역에 미칩니다. 이렇게 역사가 깊고 수많은 층위가 있으며 변화와 생성을 계속하고 있는 도시임에도 불구하고, 종종 우리는 서울을 여전히 조선과 한양이라는 고정된 틀을 통해 이해하려고 합니다. 그러다 보니 한양 이전과 한양 이후의 서울은 서울이되 서울답지 않은 서울이 되고 맙니다. 그 과정에서 종종 공화국의 이념과 가치가 약화되거나 심지어 훼손되는 엉뚱한 상황이 만들어집니다."[16]

그러면 광화문광장은 어떻게 보아야 할 것인가. 경복궁은 조선을 대표하는 문화유산으로서 지금처럼 조선 왕조 테마파크로 활용하는 것으로 족하다. 하지만 광화문광장은 더 이상 조선시대의 육조거리나 일제 시대의 광화문통(通)일 수는 없기 때문에 현재적 의미, 즉 대한민국의 정체성에 맞게 재구조화·재의미화 되어야 한다.(이 글 뒤에 첨부한 「광화문광장의 재의미화」 참조) 그것은 바로 광화문광장에 민주공화국인 대한민국의 상징적 의미를 부여하는 것이다. 그런데 이것이 제대로 되지 않기 때문에 현재의 광화문광장은 조선시대의 육조거리도 아니고 일제 시대의 광화문통도 아니고 대한민국의 상징

---

16 김시덕, 5쪽. 황두진의 추천사 중에서

적 거리도 아닌, 그냥 어정쩡한 놀이공원화 되고 있다고 하는 것이 정확한 진단일 것이다. 물론 광화문광장을 시민친화적인 공간으로 활용하는 것을 그 자체로 나쁘다고는 할 수 없다. 하지만 광화문광장에 놀이시설이나 등축제 같은 것을 하는 것은 적절치 않아 보인다. 그런 것은 다른 곳에서 얼마든지 할 수 있다. 광화문광장은 그러기에는 그 공간적 중심성과 상징성이 크며, 그런 점에서 대한민국의 정체성을 보여주는 핵심적인 공간으로 활용하는 것이 바람직하다.

물론 광화문광장을 계속 조선시대의 이미지가 지배하도록 만드는 것은 세종과 이순신이라는 조선시대 인물상의 역할이 크다. 세종과 이순신은 각기 문(文)과 무(武)를 상징하는 인물이다. 훈민정음을 창제한 세종이 한국의 인문정신을 대변하는 인물이라면 전란에서 나라를 구한 이순신은 호국정신을 상징하는 인물이다. 민족 영웅으로서 이 두 인물의 위대함은 의심의 여지가 없다. 다만 문제는 이들로 인해 광화문광장이 조선의 이미지로부터 벗어나지 못한다는 데 있다. 광화문광장에 이순신 상을 세운 것은 박정희 대통령이었다. 이순신은 군신(軍神)으로서 군인 출신인 박정희 대통령이 자신과 동일시했던 인물이다. 물론 이순신과 함께 세종을 민족 영웅으로 내세운 것도 박정희였지만, 국난 극복의 역사를 유독 강조했던 박정희에게는 이순신이 더 위대한 영웅이었다. 일단 그런 점에서 둘 다 권위주의 시절의 유산이라고 볼 수 있다.

그러다보니 이제 세종과 이순신 없는 광화문광장은 생각하기 어렵게 된 것이 사실이다. 하지만 그 또한 한국 현대사의 산물인 것이지 영원불변하는 것은 아니다. 이제는 생각해보아야 한다. 민족 영웅을 신성시하는 것과 대한민국의 정체성을 만들어가는 것은 다른 문제이며, 그것은 충돌할 필요가 없다. 모든 역사적인 것은 역사적으로 적절한 곳에 있어야 한다. 세종과 이순신상이 광화문광장에 어울리지 않는다는 말이 그들을 폄하하거나 갖다버리자는 말은 아니다. 오히려 그들에게 적절한 공간을 찾아주는 것이 더 좋다는 말이다.

중요한 것은 광화문광장을 민주공화국인 대한민국의 중심 공간으로 만드는 것이다. 그러기 위해서 세종과 이순신상은 그에 맞는 공간으로 옮겨야 한다. 그곳은 기념관일 수도 있고 아니면 경복궁 안이 될 수도 있다. 조선의 역사는 조선의 장소에, 대한민국의 역사는 대한민국의 장소에 있는 것이야말로 역사적 올바름이다. 광화문광장을 더 이상 조선의 이미지에 가둬두어서 안 된다. 결국 문제는 조선과 대한민국을 어떻게 분리할 것인가 하는 것이다. 이제 이에 대해 논의해야 한다.

조선과 대한민국 사이에 국경선을 긋자

1929년 이탈리아의 수상 베니토 무솔리니와 교황 비오11세 사이에 라테라노 조약(Patti Lateranensi)이 체결되었다. 그 결과 바티칸은 이탈리아로부터 독립하여 현재의 바티칸시국이 되었다. 이탈리아와 교황령이 분리된 것이다. 어쩌면 조선과 대한민국 사이에도 라테라노 조약이 필요할지도 모른다. 물론 조선은 더 이상 존재하지 않는 국가이다. 하지만 앞서 장황하게 언급한 것처럼, 사라진 조선의 유령이 여전히 대한민국을 지배한다면 대한민국을 조선으로부터 분리해야 한다. 조선과 대한민국 사이에 정신적·상징적 국경선을 긋고 조선의 이미지가 대한민국을 침범하지 못하도록 해야 한다. 그리하여 대한민국이 조선으로부터 정신적으로 분리 독립해야 한다. 대한민국은 일제로부터의 독립 이전에 조선으로부터의 독립이 시급하다.

최근 경복궁 앞에 월대를 복원한 것을 두고 말이 많다. 어쩌면 월대를 만듦으로써 조선 왕조 테마파크의 성격이 강화되어 관광 효과가 극대화될 수도 있다. 그러니까 문화재 활용이라는 관점에서 보면 월대 복원은 긍정적일 수도 있다는 말이다. 하지만 여기에는 넘지 말아야할 선이 있다. 조선은 경복궁을 벗어나면 안 된다. 조선을 경복궁 안에 가둬야 한다. 경복궁의 현재적 의미는 어디까지나 문화재와 그 활용으로서의 테마파크인 것이지, 대한민국의 정치적 공간은 아니기 때문이다. 그런 점에서 월대 복원에서 보듯이, 서울시장이 자신의 정치적 이미지를 자꾸 왕조시대에 투사하는 것은 시대착오적인 것이다. 과거 박정희 대통령이 세종과 이순신을 이용해서 자신의 정치적 이미지를 강화하는 수단으로 삼은 것처럼 지금의 정치인들도 과거의 유산을 자신의 현재적 권력을 정당화하고 수식하는 용도로 사용하려고 한다. 하지만 이는 정당화될 수 없는 일이다.

1922년 일본인 야나기 무네요시는 광화문에 대한 글을 〈동아일보〉에 기고했다.[17] 조선의 아름다운 궁궐 정문을 옮기려는 식민지 당국의 조치를 비판한 것이다. 그는 당시 일본의 식민 통치가 조선의 문화를 훼손하지 말고 잘 보전해줄 것을 요청했던 것이다. 어쩌면 그 덕분에 조선의 유산이 남겨졌는지도 모른다. 비록 제국의 한 인물에 의해서였지만, 우리는 그러한 문화유산을 잘 관리하고 보존할 필요가 있다. 하지만 지금 문제가 되는 것을 보존과 관리가 아니다. 오히려 조선의 이미지로부터 벗어나지 못하는 것이 문제다. 이는 21세기에 광화문광장이 무엇이어야 하는가 하는 문제로 연결된다.

광화문광장을 대한민국 광장으로

광화문광장은 조선시대에는 왕조의 통치 공간이었고 일제시대에는 식민 지배의 중심이었다. 박정희 정권 시절에는 이순신이라는 민족 영웅의 동상이 세워지면서 권위주의적 공간이 되었다. 이후 광장은 사회의 다양한 목소리가 터져 나오는 민주주의의 장이 되었고 마침내는 문재인 정권을 탄생시킨 촛불 시위가 벌어지기도 했다. 이렇듯 광화문광장은 역사적 의미가 누적된 장소이다. 따라서 광화문광장의 재구조화에는 차도냐 보행공간이냐, 6차선이냐 7차

---

17 야나기 무네요시, 『장차 잃게 된 조선의 한 건축을 위하여』 1922. 8. 24.

선이냐 하는 차원을 넘어서는 재의미화의 문제의식이 선행되어야 한다.

중요한 것은 어떻게 하면 광화문광장에 대한민국 70년의 장소성을 부여할 것인가 하는 점이다. 그러기 위해서는 기존에 부여된 장소성을 비판적으로 읽어내고 지울 것은 지우고 쓸 것은 다시 쓰는 과정이 필요하다. 프랑스 파리의 콩코르드광장이 얼마나 많은 쓰고 지우고 다시 쓰기의 흔적을 간직하고 있는지를 떠올려보라.[18] 그런데 지금까지 광화문광장에 대한 모든 논의는 '공간 만들기'의 차원을 넘어서지 못했다. 이제 광화문광장을 보는 관점을 근본적으로 바꿔야 한다. 공간 만들기를 넘어서 장소 만들기(place making)를 해야 한다. 이것은 광화문광장에 새겨진 의미를 비판적으로 읽어내는 데서부터 시작되어야 한다.

K-광화문시대?

『K-민국』의 저자 이상도는 이렇게 주장한다.

"우리는 K-팝, K-뷰티, K-방산처럼 한국이 자랑하거나 경쟁력이 있는 분야에 K를 붙인다. 한국은 분단과 전쟁을 겪은 가난한 나라에서 세계10대 경제 강국, 민주화된 나라, 이른바 K 문화를 꽃피우는 선진국이다. 우리 스스로를 K-민국이라 불러도 될 만큼 충분한 자격이 있다. 20대 대통령 윤석열은 2022년 5월 10일 용산 대통령실에

---

18 최 범, '광화문광장, 공간에서 장소로', 〈중앙일보〉, 2021. 2. 25. 참조

서 집무를 시작했다. 대통령이 청와대(경무대)를 떠난 건 1948년 8월 15일부터 2022년 5월 9일까지 73년 8개월 25일만이다. 언론은 이를 용산시대의 개막이라 했다. 그럼, 이전 74년은 무슨 시대일까? 초대 이승만부터 19대 문재인까지 역대 대통령은 청와대와 현재는 철거된 중앙청, 정부서울청사 등 광화문 일대에서 국정을 수행했다. 저자는 이를 광화문시대라 부르고자 한다. 광화문시대는 대한민국 현대사 1기, 용산시대는 현대사 2기의 시작이다. 통상 광화문 사거리부터 광화문광장, 광화문까지의 공간을 광화문거리라 부른다. 광화문거리는 대한민국 현대사, K-민국을 상징하는 개선문이다. 하지만 아쉽게도 이곳의 주인공은 여전히 망국(亡國) 조선이다. 이제 광화문거리는 이승만, 박정희, 김대중 등 K-민국의 주역들에게 문을 열어야 한다."[19]

그렇다. 이제 광화문광장을 대한민국에 돌려주어야 한다.

---

19 이상도, 『K-민국』, 좋은땅, 2023, 372쪽

광화문광장의 재(再)의미화
- 공화국 광장을 위하여

이 글은 서울시가 주최한 새로운 광화문광장 조성 3차 토론회: '광장 민주주의와 성숙한 집회·시위 문화'(2019년 11월 27일, 고궁박물관)에서 발표한 것이다.

　나는 광화문광장의 재구조화 이전에 재의미화의 과정이 있어야 한다고 보는데, 그것은 조선과 일제와 대한민국이라는 3중 역사를 어떻게 이해할 것인가 하는 문제와 맞닿아 있다. 다시 말하면 광화문광장의 구조라는 것은 어떤 식으로든지 왕국과 식민지와 공화국이라는 3중 역사에 대한 인식을 현재의 관점에서 배열하는 것일 수밖에 없기 때문이다. 1995년 경복궁과 광화문을 가로막고 있던 조선총독부 건물을 해체함으로써 조선을 상징하는 경복궁과 광화문광장이 다시 연결되었는데, 이는 우리 역사에서 식민지 경험을 삭제하고 역사적 연속성을 확보한 것으로 받아들여졌다. 그리하여 조선의 왕궁이었던 경복궁은 역사의 오욕을 씻고(?) 우리 시야의 전면에 재등장했다.

　하지만 우리가 진정으로 물어야 할 것은 그렇게 확보된 연속성이란 것이 과연 무엇인가 하는 것이다. 민족적 연속성이 중요한가, 국가적 연속성이 중요한가, 아니면 무엇? 경복궁과 광화문광장의 재결합은 식민지에 의한 한국의 근대화 경험을 제거함으로써 왕국과 공화국이 무매개적으로 연결될 수 있다는 착각을 불러일으켰다. 그리고 이것은 한국의 민족주의를 강화시키는데 기여했다. 하지만 이러한 조작이 결과한 것은 과연 무엇이었나.

나는 왕국과 공화국의 연속성이라는 의식이 식민지와 독립국의 연속성이라는 의식 못지않게 위험하다고 생각한다. 그것은 경복궁이 봉건 왕조로부터 단절하고 근대 공화국으로 나아가는 것을 붙잡아두는 부적과도 같은 역할을 한다고 생각하기 때문이다. 경복궁의 현재와 같은 상징성과 활용은 프랑스의 루브르박물관이나 팔레 루아얄 같은 왕조 상징물의 기능전환과도 성격이 다르다고 본다. 광화문광장에 대한 과도할 정도의 민족주의적 접근은 광장에 대한 공화주의적 인식을 배제하는 결과를 낳고 있기 때문이다.

그래서 나는 우리가 의식하든 의식하지 않든 간에 광화문광장의 구조는 이러한 역사의식을 반영할 수밖에 없고, 따라서 그것의 재구조화 작업 이전에 먼저 재의미화 작업이 이루어져야 한다고 보는 것이다. 이것은 당연히 조선과 일제와 대한민국의 관계에 대한 근본적인 질문에 다름 아니다. 그러기 위해서는 물론 한국사에 대한 근본적인 물음이 전제되어야 하는 것이지만 말이다. 이는 광화문광장이 역사적 공간이기 이전에 공화국광장이 되어야 하며, 공화국광장이란 무엇이며 어떠해야 하는가에 대한 물음을 통해, 실제적인 공화국으로 나아가는 출발점이 되어야 한다고 보기 때문이다.

비우면 보이는 것
- 공간의 연속과 단절

이 글은 〈교수신문〉 2022년 6월 3일자에 실린 것이다.

　　요즘 최고의 화제 중 하나는 청와대 개방이다. 윤석열 대통령이 대선 과정 중 공약으로 내걸었던 것을 취임 후 실행에 옮긴 것이다. 대통령 관저와 집무실을 용산으로 옮기면서 기존의 청와대가 시민의 몫이 되었다. 물론 청와대 이전에 관해서는 많은 논란이 있었고 찬반이 엇갈렸으며, 이러한 결정이 앞으로 어떤 결과를 가져올지에 대해서도 현재로는 단언하기 어렵다. 다만 나는 청와대 이전이 불러올 공간적 효과를 최대한 긍정적인 방향에서 예측해보고 싶다.

　　"공간이 의식을 지배 한다." 과연 이 말을 어느 정도로 이해하고 발언했는지는 모르겠지만, 내가 보기에 이는 윤대통령 자신이 생각한 것보다도 훨씬 더 커다란 반응을 가져올지도 모른다는 예감이 든다. 이전 대통령들도 공언했지만 실행에 옮기지 못한 집무실 이전을 감행한 이유에 대해서 윤대통령은 소통을 내세웠다. 소통, 물론 그것만으로도 충분히 청와대 이전의 의미는 있다고 할 수 있다. 하지만 비록 섣부른 기대는 금물일지라도, 나는 윤대통령이 말한 소통이 그 이상, 의미의 나비 효과를 가져 오리라는 기대를 해본다.

그러한 기대를 펼치기 위해서, 무엇보다도 먼저 현 청와대가 조선의 이미지에 지배되고 있는 공간이라는 점을 환기할 필요가 있다. 경복궁 뒤편 북악산 자락에 자리 잡은 청와대는 원래 경복궁 후원 터였다. 이후 조선 총독 관저, 경무대를 거쳐 현재의 청와대가 되었다. 한마디로 역사적 연원이나 공간적 배치로 볼 때 청와대는 조선의 이미지로부터 벗어나지 못한다. 물론 대부분의 한국인은 이를 너무나 자연스럽고, 온당하게까지 여기겠지만, 사실 여기에는 생각해볼 부분이 적지 않다.

이것은 무엇보다도 대한민국이 조선과 다른 나라라는 인식을 갖는 데 방해가 된다. 조선이 대한민국의 선대 국가인 점은 맞지만 국체와 정체 어느 면에서 보더라도 조선과 대한민국은 다른 나라다. 민족이 같다는 사실이 국가가 같다는 사실을 의미하지 않는다. 많은 한국인이 펄쩍 뛸지도 모르지만, 화폐가 전부 조선시대 인물로 채워져 있고 광화문광장에 조선의 왕과 장군의 동상이 세워져 있는 것을 보면, 한국인들이 여전히 조선과 대한민국을 헷갈려 한다고 나는 생각한다. 청와대 역시 이러한 상징성 안에 자리하고 있다. 하지만 생각해보면 이것은 결코 자연스러운 것도 바람직한 것도 아니다. 지금도 경복궁 앞에는 월대를 복원하기 위한 공사를 하고 있다. 전통을 존중하는 것은 좋지만 이것이 현실 인식을 방해하면 곤란하다.

사실 한국 근대 서사의 기본은 상실과 회복이다. 주체적 근대화에 실패하면서 식민지가 되었고 그런 과정에서 전통이 상실되었다는 것이다. 그래서 현대의 한국은 잃어버린 전통을 회복하고 민족 정체성을 확립해야 한다는 것이다. 전통의 회복은 좋다. 하지만 그것보다 더 중요한 것은 어떤 전통의 어떤 회복인가 하는 것이다. 모든 전통이 좋은 것도 아니고 회복되어야 하는 것도 아니다. 사실 역사는 연속과 단절의 이중 구조로 되어 있다. 연속이 없다면 역사가 아니겠지만 단절이 없어도 역사가 아니다. 그렇다면 그것은 영원히 변하지 않는 어떤 물체일 뿐이다. 그래서 중요한 것은 역시 무엇이 연속되고 무엇이 단절되었는가를 아는 것이다. 아니, 더 정확하게 말하면 무엇을 연속할 것이고 무엇을 단절할 것인가를 판단하고 선택하는 것이다.

어쩌면 대한민국의 진짜 문제는 조선과 연속되지 못한 것이 아니라 조선과 주체적으로 단절하지 못한 것이 아닐까. 그래서 한국인의 머릿속에 조선과 대한민국이 연속되고 있는 것이 진짜 문제 아닐까. 전통을 존중하는 것과 그것을 현실과 혼동하는 것은 다른 문제이기 때문이다. 그런 점에서 청와대 이전에 부여해볼 수 있는 최대 의미는 '작은 천도(遷都)'의 효과가 아닐까 한다. 비록 수도 내에서의 이전이기는 하지만, 태조 이성계가 한양 천도로 조선 건국을 마무리했듯이, 청와대 이전을 대한민국이 조선의 이미지로부터 벗어나는 계기로 삼았으면 좋겠다는 바람이다. 이것은 조선과의 상징적 단절을 통한 대한민국의 '나라 만들기(nation building)'가 되어야 한다. "공간이 의식을 지배 한다"는 대통령의 말을 그런 의미에서 해석해보고 싶다. 그런 점에서 대통령실의 용산 이전이 공간적 단절을 통한 조선과의 의식적 단절이라는 효과를 가져올 수 있다면 좋다고 생각한다. 과거와의 타율적 단절이 아닌 우리 손에 의한 자율적 단절 말이다. 공간은 어떤 때는 연속이 아니라 단절을 통해서 더 의미를 띠기도 한다. 풍경으로서의 디자인 역시 이와 무관하지 않다. 비우면 보이는 것이 있기 때문이다.

4. 이순신 동상, 국회에 가다

2023년 10월 10일, 나는 대한민국 국회 문화체육관광위원회의 국정감사장에 증인으로 출석했다. 국정담당자도 아닌 일개 시민에 불과한 내가 국감장에 간 이유는 무엇일까. 보름 전 국회로부터 받은 「증인 출석 요구서」에는 이렇게 적혀 있었다. "신문 요지: 이순신 동상 철거 주장 관련". 과연 무슨 일이 있었던 것일까. 사연은 다시 한 달 전으로 거슬러 올라간다.

9월 13일, 나는 내가 공동대표를 맡은 문화운동 단체인 '문화자유행동'의 창립행사에 참여했다. 창립 기념 심포지엄에서 나는 '자유민주주의의 위기와 문화'[20]라는 주제의 발표를 했다. 내 발표의 요지는 지금 대한민국의 자유민주주의가 위기에 처해 있는데, 이것은 자유민주주의 체제의 재생산 위기이며, 그 이유는 자유민주주의 체제의 재생산 기제인 문화가 부재하기 때문이라는 것이었다. 다시 말해서 대한민국은 정치경제적인 차원에서 자유민주주의 체제를 채택하고 있지만, 정작 그러한 정치경제적 자유민주주의에 대응하면서 그를 재생산하는 장치인 사회문화적 요소, 즉 사회적 개인주의와 문화적 자아실현 시스템이 존재하지 않기 때문에, 대한민국의 자유민주주의 체제는 지속가능하지 않다는 주장이었다. 그리고 이러한 자유민주주의의 재생산 기제로서의 문화를 추동하기 위한 노

---

20 문화자유행동 창립 기념 심포지엄 자료집 3~31쪽. 최 범, 『문제는 근대다』, 기파랑, 2023. 92~131쪽

력의 일환으로 '문화자유행동'을 출범시키게 되었다고 말했다.

그런데 문제는 다음날 한 언론의 보도로 인해 일어났다. 〈경향신문〉이 내 발제문의 일부를 문제 삼아 비판적인 보도를 한 것이다.[21] 기사 제목에서 알 수 있듯이, 이 보도는 당시 '국민의 힘' 김기현 대표가 행사에 참석하여 축사를 한 것을 빌미 삼아 특정한 정치적 의도가 있는 것처럼 몰아갔다. 이 기사가 문제로 삼은 나의 발제 부분은 다음과 같다.

"이러한 종족주의를 재생산하는 보조 이데올로기가 바로 맹목적인 전통 숭배이다. 예컨대 화폐나 광화문광장을 조선 시대 인물이 채우고 있는 것을 보고 아무런 문제의식을 느끼지 못하는 사람을 나는 우파라고 생각하지 않는다. 세종과 이순신을 그냥 위대한 조상이라고만 생각한다면, 그는 근대국가가 무엇인가에 대해서 아무것도 모르는 사람이다. 그런 사람이 어떻게 자유민주주의자일 수 있는가. 이것은 전통을 존중 하는가 아닌가의 문제가 아니다. 중국 문화대혁명기의 유교 전통 파괴나 아프간 탈레반의 석불 파괴 같은 역사 청산주의는 반대해야 하지만, 무분별한 전통 숭배 역시 경계해야 한다. 그것은 종종 과거와 현재의 차이에 대해 무감각하게 만들기 때문이다. 그렇게 되면 인류가 오랜 시간 투쟁을 통해 힘겹게

21　"'김기현 창립 축하' 단체, 광화문광장 세종·이순신에 문제의식 못 느끼면 우파 아냐",
　　〈경향신문〉, 2023. 9. 13.

쌓아올린 근대문명의 가치를 알아보지 못하게 된다."[22]

　이중에서도 〈경향신문〉이 포커스를 맞춘 것은 "광화문광장을 조선 시대 인물이 채우고 있는 것을 보고 아무런 문제의식을 느끼지 못하는 사람을 나는 우파라고 생각하지 않는다. 세종과 이순신을 그냥 위대한 조상이라고만 생각한다면, 그는 근대국가가 무엇인가에 대해서 아무것도 모르는 사람이다"라는 구절이었다. 신문은 이 부분을 주황색 형광펜으로 칠해 도드라지게 보도했다. 이는 나의 발언 내용을 당시 여당과 야당 사이에 정쟁의 대상이 되고 있던 홍범도 동상 논란과 연결시켜 정치적 프레임을 씌우려는 의도임이 분명했다. 그 근거는 바로 다음 날 민주당의 반응으로 확인 된다. 민주당은 "홍범도 장군 흉상 다음은 세종대왕과 이순신 장군 동상입니까?"라는 내용의 대변인 브리핑을 발표했다. 당시 상황은 여당이 육군사관학교 교정에 세워져 있는 홍범도 동상을 그가 공산주의자였다는 이유로 철거하려 한 반면, 야당은 독립운동가를 지우려 한다면서 연일 여당을 비판하고 있었다.

　〈경향신문〉 기사와 민주당 브리핑은 마치 사전에 짜기라도 한 듯이 손발이 맞아떨어졌다. 심포지엄 발표 내용의 한 구절을 문제 삼아, 나를 민족반역자인 양 몰아가면서 여야의 정쟁에 끌어들이려는 것이었다. 물론 언론도 얼마든지 정치적 입장을 가질 수 있고 특정한 정치 세력을 지지할 수 있지만, 발제문의 한 구절을 전체적인 맥

22　문화자유행동 창립 기념 심포지엄 자료집 26쪽

락으로부터 떼어내어 편파 보도를 하면서 정략적인 태도를 노골적으로 드러내는 것을 보고 나는 경악하지 않을 수 없었다. 아마 기사를 쓴 기자는 내 발제문의 한 구절에서 정치적 이용 가능성을 발견하고 "바로 이거야"하며 '유레카'를 외쳤을지 모르지만, 거기에는 언론이 지녀야 할 최소한의 공정성도 찾아볼 수 없었다.

예의 기사는 마치 팩트를 보도한 것처럼 보이지만, 팩트란 단어 하나나 문구 한 줄에 있는 것이 아니라 내용에 있는 것이다. 왜냐하면 나의 주장은 맹목적인 전통 숭배를 경계해야 하며, 그러면서도 인위적인 역사청산주의는 반대한다는 것이었기 때문이다. 마찬가지로 내가 세종과 이순신 동상을 문제 삼은 것은 그것이 민주공화국인 대한민국의 대표 공간인 광화문광장의 정체성과 맞지 않다고 보았기 때문이지, 민족 영웅을 부정하고자 한 것은 아니었다. 이를 기자가 읽어내지 못했을 리는 없을 테지만, 앞서 말한 홍범도 동상 논란과 연루된 정치적 프레임을 씌우기 위해서 문맥을 잘라내고 그 부분만 떼어낸 것이리라. 가히 악마의 편집이자 괴벨스적인 행태라 하지 않을 수 없었다. 언론의 편파 보도에 대해서는 익히 들어 아는 일이었지만, 정작 내가 이런 일을 겪게 되니 참담한 심정은 이루 말할 수 없었다.

그런데 이것으로 끝이 아니었다. 점입가경은 서두에서 언급한 국정감사에의 소환이었다. 나는 지금도 왜 이 일이 국정감사의 대상이 되어야 하는지를 알 수 없지만(물론 짐작하지 못할 바는 아니지만), 헌법에 보장된 사상과 표현의 자유를 침해당한다면 싸워야 한다는 생각으로 마음의 준비를 단단히 하고 국회에 갔다. 나는 증인 선서를 하고 증인석에 앉아서 신문(?) 차례를 기다렸다. 그런데 아무 일도 일어나지 않았다. 국정감사장에서 나는 여야 의원 그 누구로부터도 문제의 논란과 관련된 질문을 받지 못했고 허망한 기분으로 발걸음을 돌려야 했다. 애초에 국정감사의 대상이 될 수조차 없는 일이었건만, 도대체 왜 이런 일이 벌어진 것일까. 나는 이를 모종의 정치적 협박으로밖에 이해할 수 없다. 악의적이고 편파적인 언론이 특정 정당과 한통속이 되어 사상과 양심의 자유를 억압하고 정치적 희생양으로 삼으려고 했던 것이 아니라면 달리 어떻게 설명할 수 있을까.

나는 이것이 그냥 넘어갈 수 없는 문제라고 판단하고 언론중재위원회에 피해 구제를 신청했다. 나는 〈경향신문〉의 보도가, 그동안 평론가로서 지녀왔던 나의 사상과 양심과 표현의 자유를 침해했기에 회복될 수 없는 명예훼손을 당했으며, 이에 대해 피해보상을 해줄 것을 요청했던 것이다. 그리하여 언론사측과 함께 한 언론중재위원회가 열렸다. 논의 끝에 위원회는 피해보상 대신에 반론보도를 권했고, 나는 한발 물러서서 이를 받아들였다. 결국 이 문제는 언론중재위원회의 결정에 따라 해당 기사 아래에 나의 반론을 싣는 것으로 끝났다.[23]

이렇게 해서 일단 논란은 종결되었지만, 무엇보다도 문제는 광화

---

23 반론 보도 내용은 다음과 같다.
"[반론보도] 「'김기현 창립 축하' 단체 "광화문광장 세종·이순신에 문제의식 못 느끼면 우파 아냐"」 관련
본 신문은 지난 9월 13일 「'김기현 창립 축하' 단체 "광화문광장 세종·이순신에 문제

문광장과 역사적 인물의 동상에 대해 다른 의견을 제시하는 것만으로도 반민족주의자로 몰아가는 한국 사회 일각의 전체주의적인 분위기이다. 더욱이 사회적 갈등의 해소에 앞장서야 할 언론이 오히려 특정 정파적 관점에 서서 이를 부추기는 태도를 보여준 것은 충격이었다. 과연 21세기 대한민국은 민족전체주의 사회란 말인가. 어쩌면 신문의 태도를 민족주의적 관점에서 해석하는 것조차 사치일지도 모른다는 생각이 든다. 아마 그것은 나의 주장을 홍범도 동상 문제와 연결시키면서 한 탕의 정치적 공격 꺼리로 삼으려 한 정략적 태도, 그 이상도 이하도 아니라는 것이 좀 더 정확한 진단일 것이다.

아무튼 이 논란의 배경에 있는 문제는 세종과 이순신 동상 자체가 아니라 그것이 놓여 있는 공간, 즉 광화문광장의 장소성이다. 내가 문제로 삼은 것이 바로 광화문광장과 역사적 인물의 관계였기 때문이다. 따라서 이는 자연스레 광화문광장이란 무엇인가 하는 문제로 연결된다. 그리고 이 문제의 바탕에 있는 것은 공화주의적 관

의식 못 느끼면 우파 아냐」라는 제목으로 문화운동 단체인 '문화자유행동'이 지난 9월 12일 개최한 창립 기념 심포지엄 및 창립총회에 관한 보도를 하면서 위 단체가 마치 국민의힘과 연계를 가진 단체이고, 최 범 공동대표가 민족 영웅을 폄하하는 극우 반민족주의 성향이 있는 것처럼 보도하였습니다. 이에 대하여 최 범 공동대표는 "국민의힘 김기현 대표를 비롯한 정치인이 참석한 것은 단지 '문화자유행동'의 창립을 축하하기 위한 것일 뿐 정치적 관련성이 없고, 광화문광장 동상에 대한 그의 견해는 디자인 평론가로서 오래전부터 광화문광장이 민주공화국을 상징하는 장소로 기능하지 못하고 있는 점에 대해 비판적 입장을 공개적으로 표명해 오는 과정에서 대표적인 예시로 들었던 내용으로 이는 어디까지나 민주공화국인 대한민국의 정체성과 관련된 것이지 민족 영웅들을 폄하하고자 한 것이 전혀 아니었다"고 밝혀왔습니다. 이 보도는 언론중재위원회의 조정에 따른 것입니다."

점과 종족주의적 관점의 충돌이다.

그런데 세종과 이순신 동상은 광화문광장만이 아니라 국회의사당에도 있다.[24] 국회 본관 입구 좌우에 하얀색의 세종과 이순신 동상이 서있기 때문이다. 이것도 박정희 대통령 때 세워진 것이다. 한국의 자주적 근대화의 선구자인 박정희 역시 한국의 민족주의를 동원한 대표적인 인물이다. 경제 개발을 위한 국민 총동원 과정에서 한국의 민족주의를 적극 활용했던 것이다. 민족주의라는 점에서는 사실 한국에는 좌우가 없다.

박정희와 같은 우파가 개발동원 체제를 위해 그것을 활용했다면, 좌파는 친일파와 토착 왜구 등으로 자신의 반대자에게 인종주의적인 낙인을 찍기 위해서 사용하는 점이 다를 뿐이다. 서구에서는 우파가 인종주의자들인데, 한국에서는 거꾸로 좌파가 인종주의자다. 이 역시 한국 근대화의 특수성이 빚어낸 결과일 것이다. 아무튼 자유민주주의 국가 대한민국의 미래는 이러한 종족주의를 넘어서 공화주의적 가치를 어떻게 만들어내는가에 달려 있다. 그것이 대한민국이 진정으로 민주공화국이 되는 길이기 때문이다.

---

24 "어느 나라건, 아무리 민족사에 훌륭한 발자취를 남긴 인물이라고 해도 왕조 시대의 영웅을 국회에서 모시는 일은 드물다. 대부분 현대적인 민주 국가의 틀을 다진 건국 영웅이나 독립투사의 동상을 세워 기리게 마련이다. 그런데 우리나라 국회에는 놀랍게도 본관 입구 왼쪽에 세종대왕이, 오른쪽에 이순신 장군이 버티고 서 있다. 국회에 출입할 때 하도 이상해서 사무처 직원에게 물었더니 1970년대 여의도에 국회의사당을 새로 지을 때 고 박정희 대통령이 고집해서 그리 된 것이라는 답이 돌아왔다." 문정우, '세종, 이순신 그리고 국회', 〈시사저널〉 2004. 4. 20.

5. 보론: 혁명의 도상학
프랑스공화국

근대와 혁명

근대는 혁명의 시대이다. 아니 근대 그 자체가 혁명이다. 근대혁명은 수많은 하위 혁명들로 이루어져 있다. 근대가 정치, 경제, 사회, 문화 등으로 분화되어 있듯이 근대혁명도 정치혁명, 경제혁명, 사회혁명, 문화혁명으로 세분할 수 있다. 영국혁명, 미국혁명, 프랑스혁명과 같은 시민혁명과 러시아혁명, 중국혁명, 쿠바혁명 같은 사회주의 혁명이 정치혁명이라면 산업혁명은 경제혁명이다. 신분타파, 여성참정권 운동, 흑인인권 운동 등이 사회혁명이라면 6·8혁명은 문화혁명[25]이다. 물론 대부분의 정치혁명들은 단지 정치 영역만의 혁명이 아니라 사회 전 부문의 혁명이기도 했다. 그리고 이들 혁명의 성격과 과정은 제각기 다르지만 이것들이 근대혁명의 한 축을 이룬다는 점은 분명하다.

근대혁명 중에서도 가장 먼저 등장했고 대표적인 것은 시민혁명이라고 불리는 정치혁명이다. 물론 이러한 정치혁명의 배경에는 종교개혁과 계몽주의 같은 사상혁명이 선행했다. 이러한 시민혁명에도 영국 모델이라고 부를 수 있는 비폭력적인 보수주의 혁명이 있

---

25 중국의 문화대혁명은 제외한다. 이는 하나의 거대한 파괴 그 자체였을 뿐 새로운 사회와 문화를 가져오지 못했다.

고 프랑스 모델이라고 부를 수 있는 폭력적인 급진주의 혁명이 있다. 이외에도 외적으로 독립운동이거나 내적으로 통일전쟁의 성격을 지닌 시민혁명으로서 18세기의 미국독립전쟁, 19세기의 독일과 이탈리아의 통일전쟁, 일본의 메이지유신 등이 있다.

이러한 일련의 근대혁명 중에서 가장 강렬한 인상을 남긴 것은 역시 프랑스혁명이다. 그 급진성과 폭력성에서 프랑스혁명의 뒤를 잇는 것은 러시아혁명 정도일 것이다. 프랑스혁명에 대한 평가는 다양하다. 성공으로 보는 관점도 있고 실패로 보는 관점도 있다. 하지만 프랑스혁명은 그 강렬한 인상만큼이나 다양하고 풍부한 혁명 도상을 낳았다.

프랑스혁명과 도상

1) 혁명국가 프랑스

영국혁명은 입헌군주제를 낳은 보수주의 혁명이어서 겉으로 보기에 이렇다 할 혁명적 도상이 없다. 여전히 기존 왕국의 이미지로 커버되어 있을 뿐이다. 미국은 계몽주의 이념에 따라 세워진 최초의 공화국이지만, 여전히 독수리와 같은 전통적인 문장(紋章)을 상징으로 삼았다. 그런 점에서 보면 과거에 없었던 새로운 이미지를 많이 만들어낸 것은 역시 프랑스라고 보아야 한다.

"국가의 정상에 왕이 있다면, 국가의 주요 표상은 왕의 이미지이다. 국가 또는 인민이 전통적으로 동물에 의해 상징되는 경우도 있다. 그 동물은 호랑이와 같이 실재의 동물일 수도 있고 용처럼 상상의 동물일 수도 있다. 그런데 프랑스는 상징을 교체해야 할 필요성을 느낀 국가이다. 1792년에 왕정이 폐지되면서 당연히 왕의 초상도 파기되었다. 더욱이 혁명 프랑스의 봉건제 거부는 군주제에 대한 거부만큼이나 격렬한 것이었다. 그런 까닭에, 예컨대 동물의 형상을 한 문장의 사용은 뭔가 봉건적이고 낡은 것, 따라서 바람직하지 못한 것으로 간주되었다. 혁명정부는 새로운 정체인 공화국을 시각적으로 표현할 방식을 백지 상태에서 창조하지 않으면 안 되었다.[26]"

프랑스혁명의 상징을 연구한 역사학자 모리스 아귈롱은 그의 저서 『마리안느의 투쟁』의 한국어판 서문에서 이렇게 말한다. 과연 그가 대한민국의 대통령 문장이 고대 중국에서 황후의 상징으로 사용된 봉황 무늬인 것을 알고 있었는지는 모르겠지만 말이다. 그런데 혁명 프랑스가 중세의 문장 대신에 채택한 상징들의 문법은 고대 그리스·로마 문화로부터 물려받은 알레고리[27]의 전통에 의거했다고

---

26 모리스 아귈롱, 전수연 옮김, 『마리안느의 투쟁』, 한길사, 2001, 26쪽.

27 allegory. 우의(寓意)라고도 번역한다. "추상적인 개념이나 사상을 직접 표현하지 않고, 무엇인가 비유적 형상에 의하여 구체화하는, 주로 의인화 내지 의동물화하는 표현법을 말한다. 예를 들면 궁핍·죄과·우려·인고를 네 명의 노파로 암시하며(괴테), 또한 여우로 간교함을, 토끼로 가슴앓이를 비유해서 나타내는 따위. 다른 비유적 표현에 비하여 우의는 그 본래의 의미내용이 개념적이고 지적인 점, 내용과 형상과의 결합이 합리적 의도적으로 행해지며 또한 그것이 자주 인습적으로 고정되어 있는 점을 특징으로 한다." 다케우치 도시오 엮음, 안영길 외 옮김, 『미학·예술학 사전』, 미진사, 1989, 481쪽

한다.

　"자유·덕성·학문 등 추상적인 실체 또는 프랑스, 이탈리아, 파리, 로마 등 너무 광범위하여 가시적일 수 없으므로 결국 추상적인 것과 마찬가지인 실체에 이미지를 주는 것, 이를 위해 여성의 육체를 활용하는 것, 그리고 속성을 나타내는 상징물을 이 여성에게 부여하여 의미를 명확하게 하는 것(프리지아 모자를 지닌 여성은 '자유'이고, 거울을 든 여성은 '진실', 곡식 다발을 든 여성은 '농업' 등). 이것이 바로 알레고리이다."[28]

　혁명으로 탄생한 프랑스공화국은 세계의 모든 공화국의 모델이다. 그런 만큼 공화국의 정체성과 이미지는 명료하고 확고하다. 국시(國是)인 자유·평등·박애. 이를 상징하는 국기인 삼색기, 공화국의 상징인 마리안느(Marianne), 공화국의 신전인 팡테옹(Panthéon). 이것들만 보더라도 프랑스는 가히 세계 모든 공화국의 어머니라고 할 수 있다. 리얼리즘 화가인 오노레 도미에가 그린 「공화국」(1848년)이라는 그림에는 삼색기를 쥔 어머니와 젖을 빠는 아이들(자유·평등·박애)이 그려져 있다. 가히 공화국의 성모자상이라고 할 수 있을 터이다. 우리는 공화국의 정체성과 도상학에 대해서 프랑스로부터 많은 것

28　모리스 아귈롱, 26쪽

을 배울 수 있다.

2) 공화국의 이념과 삼색기

프랑스혁명의 이념은 자유, 평등, 박애이다. 이는 헌법에 명시된 국시이자 프랑스 그 자체라고 해도 과언이 아니다.

"'자유, 평등, 박애'는 프랑스 민주주의의 기본 가치로 오늘날에도 생명력을 잃지 않고 있다. 프랑스 정치인들은 국가적인 중대사가 있을 때에 '공화국의 가치(valeurs républicaines)'란 표현을 즐겨 쓰는데, 이는 좌·우·여·야를 초월하는 가치다. 프랑스인들은 이 가치가 위협당하면 이를 수호하기 위해 정파를 뛰어넘어 대동단결한다. 프랑스의 국격을 지키기 위해서이다."[29]

이런 이념을 시각적으로 보여주는 것이 바로 삼색기이다. 삼색기는 혁명 당시 군중들이 머리에 두른 수건의 색깔이었다고 하는데, 원래 빨강과 파랑은 파리시(市)를 상징하는 색이었다고 한다. 흰색은 부르봉왕가를 상징하는 색이었고, 그래서 최초의 삼색기는 빨강과 파랑 사이에 흰색을 넣은 것인데, 이것은 입헌군주국을 의미하는 것이었다고 한다.[30] 프랑스혁명은 처음에 입헌군주제를 시도했지만 마침내 공화국으로 귀결되었다. 그리하여 삼색기는 공화국의 깃

---

29 손우현, 『프랑스를 생각한다』, 기파랑, 2014, 23~24쪽

30 백합꽃이 부르봉 왕가를 상징하게 된 계기에 대해서는 다음 책을 참조. 미셸 파스투로,
  주나미 옮김, 『돼지에게 살해된 왕』, 오롯, 2018.

발이 되었다.[31] 대중문화에서는 크쥐시토프 키에슬로프스키 감독의 1993~94년 영화 「세 가지 색」 시리즈가 각기 파란색(자유), 하얀색(평등), 빨간색(박애)이라는 삼색기를 모티프로 삼아 만든 것으로 잘 알려져 있다.

3) 공화국의 상징

프랑스 공화국의 상징은 마리안느(Marianne)라는 여인상이다. 이러한 의인화에 의한 표현은 알레고리 방식임을 앞서 설명했다. 그러면 왜 남성이 아니고 여성인가. 그에 대해서는 전통적으로 군주가 남성으로 표상된 것에 대한 반대 개념에서 나온 것으로 보인다. 전제정(專制政)을 가리키는 despotism이 원래 가부장을 뜻하는 despotis에서 온 것처럼 왕은 아버지이며 남성이다. 따라서 왕정을 대체한 공화정의 상징을 여성으로 한 것은 어쩌면 당연하다고도 할 수 있다. 그 결과 선택된 것이 바로 프리지아 모자를 쓴 여성, 즉 마리안느였다. 프리지아 모자는 로마시대에 해방된 노예에게 씌워주던 것으로서 말 그대로 자유를 상징했다. 따라서 프리지아 모자를 쓴 여자 마리안느도 처음에는 '자유(liberté)'를 의미했다. 그러다가 점차 공화국을 대표하는 상징으로 자리잡게 되었다.

"군주제 대신 공화제를 채택한 1792년의 혁명은 국가의 공식적인 초상을 바꾸게 만들었다. 이것이 우리가 1792년의 혁명을 주시하는

---

31 주명철, 『오늘 만나는 프랑스 혁명』, 소나무, 2013, 116~118쪽 참조

가장 큰 이유이다. 의인화된 국가라 할 군주의 인장과 초상화가 존재했던 자리에 이름 없는 이 추상적 국가, 공화국의 시각적 심벌을 배치해야 했다. 바로 이 결정적인 순간, 여성적 알레고리 '자유'가 비공식적인 상태에서 공식적인 상태로 전환한 것이다."[32]

한편 마리안느라는 이름은 기독교의 마리아 숭배에서 그 뿌리를 찾을 수 있다고도 한다. 하지만 마리안느의 의미를 연구한 모리스 아귈롱은 이렇게 말한다. "마리-안느(Marie-Anne)는 평범하고 널리 퍼진 민중적·대중적인 이름이며, 그러므로 민중적·대중적이고자 하는 정치체제를 지칭하기에 적절한 이름이라는 것이다."[33]

이렇게 탄생한 마리안느는 외젠 들라크루아의 그림 「민중을 이끄는 자유의 여신」(1830)에서처럼 혁명을 이끄는 전사가 되기도 하고, 오노레 도미에의 그림 「공화국」에서 보듯이 자애로운 어머니로 나타나기도 한다. 이후에도 마리안느는 다양한 변신을 보여준다. 프랑스가 미국에 선사한 뉴욕의 「자유의 여신상」도 마리안느이며, 카트린느 드뇌브 같은 유명한 여배우가 마리안느로 지칭되기도 했다. 프랑스공화국의 엠블럼(emblem)에 들어 있는 것은 물론이고 최근에는 2024년 파리올림픽의 엠블럼에도 등장하였다. 엠블럼 가운데 단발머리를 한 둥근 얼굴의 여인이 바로 마리안느다. 이처럼 마리

---

32 모리스 아귈롱, 59~60쪽
33 모리스 아귈롱, 46쪽

안느는 지금도 변함없이 공화국의 상징으로 자리를 잡고 있다.

4) 공화국의 시민종교

해가 지고 어둠이 깔리자 팡테옹 광장에 조명이 비쳤다. 그러자 어둠 속에서 어린이들이 한 명씩 나와서 품에 안은 패널을 광장 바닥에 내려놓고 다시 어둠 속으로 사라진다. 몇 십 명이나 되었을까. 앙드레 말로의 팡테옹 안장식이었다. 어린이들은 프랑스 전역에서 온 말로와 같은 성(姓)을 가진 이들이라고 한다. 그들이 내려놓은 패널 하나하나는 모자이크 그림이 되어 앙드레 말로의 초상화가 만들어졌다. 예전에 텔레비전 다큐에서 우연히 본 장면이었는데, 그때까지 내가 본 가장 아름다운 의식이었다.

원래 판테옹은 만신전(萬神殿)이라는 뜻으로 말 그대로 모든 신을 모신 다신교의 신전을 가리킨다. 로마의 판테온이 그렇다. 하지만 프랑스의 팡테옹은 신을 모시지 않는다. 대신 위대한 프랑스인을 모신다. 그들을 신격화한 것이라고 할 수 있다. 손우현의 다음과 같은 말이 팡테옹의 성격을 잘 보여준다.

"이곳은 빅토르 위고, 볼테르, 루소, 에밀 졸라, 앙드레 말로, 퀴리 부인 등 프랑스를 빛낸 위인과 천재들의 유해가 안장되어 있는 일종의 국립묘지다. 그러나 이곳은 미국의 알링턴 국립묘지나 영국의 웨스트민스터 사원과는 성격이 다르다. 프랑스의 팡테옹에는 전직 대통령이나 앙시엥 레짐의 왕족은 찾아볼 수 없기 때문이다."[01]

"위인들에게 조국은 감사한다(Aux Grands Hommes la Patrie Reconnaissante)." 팡테옹의 정면에 새겨져 있는 문구라고 한다. 한마디로 팡테옹은 프랑스의 위인들을 기리는 신전인 것이다. 이것이 바로 시민종교(civil religion)이다. 프랑스는 혁명국가답게 근대 공화국의 이념에 충실한 시민종교를 만들어왔다. 시민종교는 『사회계약론』에서 루소가 처음 사용한 것으로서, 미국의 사회학자 로버트 벨라(Robert Bellah)의 「미국의 시민종교(Civil Religion in America)」라는 논문으로 유명해진 개념이다. 흔히 근대국가는 정치와 종교의 분리 위에 서있다고 말한다. 하지만 종교사회학자인 강인철은 겉으로 보기와 달리 근대국가 역시 신성화에서 벗어나지 않는다고 말한다.

"결국 정교분리는 '국가의 탈종교화·세속화'를 촉진했다기보다는, 더욱 현란하고 교묘한 방식의 '국가 성화'를 가능케 했다고 평가할 수 있다. 그런 면에서 정교분리 질서에 기초한 근대국가의 지향은 일종의 형용모순인 '신성한 세속국가', 즉 공식적으로는 '국가의 세속성'을 표방하면서도 그와 동시에 '국가의 성성' 또한 끊임없이 추구하는 존재일 것이다. 이처럼 스스로 성화하려는 강력한 경향을 갖고 있다는 점에서, (국가와 종교의 분리 이후) 현대 세계에서 종교의

---

01 손우현, 38쪽

가장 강력한 경쟁자는 다름 아닌 국가일지도 모른다."[02]

　이렇게 본다면 팡테옹은 공화국을 신성시하는 '공화국의 신전(un temple républicain)'임이 분명하다. 이외에도 프랑스에는 발길이 닿는 곳곳에 국가를 위해 목숨을 바친 이들의 기념비가 있다. 루브르박물관의 한쪽 벽면에도 1, 2차 세계대전에서 희생된 직원들을 기리는 명판이 붙어 있다. 수위에서부터 큐레이터에 이르기까지. 세속국가인 공화국 역시 이러한 신성화의 장치가 필요함을 프랑스는 잘 보여준다.

02　강인철, 『시민종교의 탄생』, 성균관대 출판부, 2019, 82쪽

Ⅲ. 대한민국의 문명사적 의미

1. 대한민국은 혁명국가인가

대한민국 역사와 서사

산업화와 민주화는 대한민국 70여 년의 역사를 설명하는 대표적인 양대 서사이다. 흔히 대한민국은 2차 세계대전 이후 독립한 제3세계 국가들 중에서 유일하게 산업화와 민주화라는 두 마리 토끼를 잡은 국가라는 식의 설명이 그렇다. 여기에 대한민국의 출발인 건국을 더하면 대한민국 역사는 건국-산업화-민주화의 연속체라고 할 수 있겠다. 70여 년이 짧지 않다고 할지도 모르지만, 국가의 역사로 치면 대한민국은 아직 백 년도 되지 않은 신생국가에 속한다. 하지만 그 짧은 시간 동안 숨 가쁘게 달려온 대한민국의 역사는 결코 간단하지 않다. 한마디로 압축적인 역사였다고 하겠다. 그런 가운데 건국과 산업화와 민주화는 짧지만 결코 짧지 않은 대한민국의 마디들을 만들어온 중요한 사건이고 계기들이었다. 그런 만큼 수많은 이견과 논쟁을 포함하고 있기도 하다.

대한민국 역사 서사에서 가장 중요한 것은 역시 대한민국의 기원, 즉 건국이다. 하지만 잘 알려져 있다시피 대한민국의 건국 자체부터가 격렬한 논쟁의 대상이 되고 있다. 이른바 건국절 논쟁[02]이

---

02 대한민국 건국의 기준을 1919년 임시정부 수립으로 볼 것인가 아니면 1948년 대한민국 정부 수립으로 볼 것인가를 둘러싸고 벌어진 것으로 주로 좌파는 전자, 우파는 후자의 입장을 취한다. 이와 관련해서는 다음 책을 참조: 이주영 엮음, 『대한민국은 왜 건국을 기념하지 않는가』, 뉴데일리, 2011.; 김길자 엮음, 『건국을 기념하지 않는 나

그것이다. 대한민국의 건국 자체부터가, 그것도 정당한가 아닌가 하는 원론적인 차원의 논쟁의 대상이 된다는 것은 대한민국의 국가 정체성이 아직 합의되지 못하고 있다는 것을 의미한다. 이 역시 대한민국이 아직 신생국가에 지나지 않는다는 사실을 증명하는 것인지도 모른다. 산업화와 민주화라는 두 마리 토끼를 잡은 성공한 국가라는 평가에도 불구하고, 대한민국은 아직도 그 태생부터 의심을 받고 있는 나라라는 사실을 부정할 수 없다. 아무튼 건국절 논쟁에는 대한민국을 보는 좌우의 관점이 잘 드러나 있다. 결국 대한민국 건국을 보는 관점은 크게 두 가지이다. 이른바 '대한민국은 태어나지 말았어야 할 나라'이며 '친일파가 세운 나라"라는 것은 전형적인 좌파적 시각이다. 역사를 종족적 관점에서 보는 좌파는 대한민국이 분단국가로서 결핍국가이며, 그래서 정당성이 없는 국가라고 보는 것이다. 민족사관, 분단사관, 통일사관 등이 모두 이러한 좌파사관에 속한다고 할 수 있다.

이처럼 좌파는 국가의 구성 요건에서 가장 중요한 것을 종족 (ethnicity)으로 본다. 그 국가가 전제정인가 공화정인가 전체주의 국가인가 민주주의 국가인가 하는 것은 중요하지 않다. 따라서 좌파적 관점에서 보면 조선과 대한민국은 동일한 한민족의 국가일 뿐, 그 둘 사이의 국체와 정체의 차이는 부차적이다. 따라서 좌파는 북한을 대한민국과 같은 종족국가로 볼 뿐 대한민국과 북한의 차이, 즉 자유주의와 전체주의, 자본주의와 사회주의 같은 것은 하등의

라 대한민국』, 옥계출판사, 2013.

중요성을 갖지 않는다고 본다. 좌파가 친북인 것은 바로 이 때문이다. 하지만 좌파의 종족주의적 관점으로는 대한민국 국가의 성격을 제대로 파악할 수 없다. 좌파와 대립하는 우파의 관점은 대한민국 혁명사관에서 그 성격이 가장 잘 드러난다. 결국 대한민국 역사 서사의 대립에는 대한민국을 보는 좌파와 우파의 관점의 차이가 그대로 반영되어 있는 것이다.

대한민국 건국과 혁명

"대한민국의 건국은 우리 겨레가 한반도를 생존무대로 정치 생활을 시작한 이래 가장 획기적인 사건이다. 대한민국은 우리 역사상 국민을 주권자로 하여 세워진 최초의 민주 독립국가이기 때문이다."[03]

"1948년 건국은 그 이전의 왕조 체제로 되돌아가지 않고 자유민주주의 체제를 채택했다는 점에서 한국사에서 하나의 커다란 혁명이었다. 혁명은 정치 체제의 정통성의 원리(legitimacy principle)의 근본적 변화를 의미한다. 건국혁명을 통하여 한국인은 왕조국가의 권리가 없는 '백성'에서 자유롭고 평등하고 권리를 가진 개인으로서 정치적 정체성의 변화를 겪으면서 국가의 주권자인 '국민'으로 거듭났다. 이러한 한국인의 존재론적 변화와 제도적으로 보장된 자유를

---

03 이영일, 『건국사 재인식』, 동문선, 2022. 31쪽

통하여 한국인은 자신의 창의력과 잠재력을 최고로 발휘함으로써 오늘날 대한민국의 번영을 이룩할 수 있었다."[04]

이 인용문들은 모두 대한민국 건국이 혁명이라고 말한다. 대한민국은 한민족 역사상 최초로 국민이 주권을 가진 국가이며, 그런 점에서 대한민국 건국은 혁명이고 대한민국은 혁명국가라는 것이다. 역사학자 이인호도 그의 글 「대한민국 건국은 혁명이었다」[05]에서 제목 그대로의 주장을 하고 있다. 일단 이들의 주장은 그 자체로 타당하다. 대한민국은 분명 한민족 역사상 이전에는 존재한 적이 없는 공화국으로서 혁명국가가 맞다. 사실 공화정에 기반한 모든 근대국가는 혁명국가이다. 세계사를 볼 때 근대 이전은 군주정에 의한 전제주의가 일반적이었으며 근대로 오면 공화정이 등장하면서 민주주의가 보편화된다. 그런 점에서 대한민국도 예외가 아니다. 1948년에 성립된 대한민국은 한반도와 한민족 역사상 최초의 공화국으로서 혁명국가라 불러 마땅하다.

대한민국 혁명은 근대의 혁명으로서 중세의 혁명과는 다르다. 동양의 전통적인 혁명관은 '역성혁명(易姓革命)'이었다. '역성(易姓)'이란 말 그대로 성(姓)을 바꾸는 것, 즉 왕조의 교체를 의미한다. 그러니까 고려에서 조선으로의 교체는 왕(王)씨에서 이(李)씨로 왕이 바뀌는 역성혁명이었다. 한국사에서 신라-고려-조선으로의 왕조 교체는 동

---

04 노재봉 외, 『한국 자유민주주의와 그 적들』, 북앤피플, 2018, 25쪽

05 이인호, '대한민국 건국은 혁명이었다: 거시사적 비교를 통한 건국의 재인식을 위하여', 이주영 엮음, 『대한민국은 왜 건국을 기념하지 않는가』, 108~137쪽

일한 전제국가에서 왕족이 바뀌는 것이었을 뿐이다. 그래서 역성혁명인 것이다. 중세국가에서의 혁명은 지배층 교체, 국가 교체일 수는 있어도 전제정에서 공화정으로의 정치 체제의 교체(political regime change)는 아니었다. 하지만 근대국가의 혁명은 중세국가의 혁명과는 차원이 다르다. 근대혁명은 지배층 교체, 국가 교체를 넘어서 전제정에서 공화정으로의 정치 체제의 교체인 것이다. 따라서 대한민국 건국은 중세의 역성혁명과는 달리 근대혁명의 일종인 것이다. 그리고 근대혁명은 체제혁명일 뿐 아니라, 그를 넘어서 문명교체에 의한 문명혁명이기도 하다. 이에 대해서는 차차 설명할 것이다.

1) 이인호의 건국혁명론

대표적인 대한민국 건국혁명론자는 역사학자 이인호이다. 그는 「대한민국 건국은 혁명이었다」라는 글에서 대한민국 건국이 혁명이며 대한민국은 혁명국가임을 역설한다. 이인호의 주장은 다음과 같다.

"세계사적 관점에서 볼 때, 우리 현대사에서 1910년 이후 진정한 전환점이 있다면 그것은 1945년 해방에서 1948년 헌법 제정과 정부 수립 선포로 이어지는 대한민국 건국 과정이었다. 그것은 시민혁명의 전형으로 일컬어지는 영국혁명, 미국독립혁명, 프랑스혁명 그리고 사회주의 혁명인 러시아혁명에 비견될 만한 거대한 사건이었다.
사실 대한민국의 건국은 우리 역사상 유일한 혁명이요, 따라서 역사의 가장 중요한 분기점이었다. 따라서 그 이후의 사건들 가운데는 '혁명'이라는 이름을 붙일 만한 중요한 사건이 없었다. 그 이후의 모든 사건들과 변화는 건국혁명의 이상과 이념을 내실화하려는 노력과 투쟁의 일환이었을 뿐이다."[06]

이인호는 대한민국 건국이 가지는 혁명적 의미를 다음 세 가지로 요약한다.

"첫째는 우리가 일제와 미군정을 벗어나 독립국으로 재탄생하여 국제사회의 인정을 받는 주권국가가 되었다는 사실이다. 즉 독립을 향한 온 겨레의 소원이 이루어졌다는 사실이다.

두 번째는 우리가 왕조시대의 백성이나 일제하의 차별 받는 식민지의 신민(臣民), 그리고 해방 후 미군정 치하의 '패배한 적국의 전(前) 식민지 신민'의 처지로부터 벗어나 나라의 주인인 국민으로 승격했다는 사실이다. 그리고 바로 그 국민을 자유롭고 평등한 주인으로 인정하는 민주공화국을 수립했다는 사실이다.

세 번째는 그러한 공화국이 채택한 제도의 이상과 이념이 공산주의나 군국주의식 집산주의가 아니었다는 사실이다. 바꾸어 말하면 개인의 자유와 존엄성을 최고의 가치로 하고 재산권을 존중하는 자유민주주의였다는 사실이다.

이 세 가지는 모두가 다 바로 그 직전까지 있어왔던 정치, 사회,

---

06 이인호, 114쪽

문화적 현실을 완전히 뛰어넘는 획기적인 변혁이었다. 그것은 그 이전으로의 회귀가 불가능할 정도로 명확하게 그어진 구분선이었던 것이다."[07]

모두 동의할 수 있는 주장이다.

2) 노재봉의 연속적 혁명론[08]

"오늘 우리는 한국자유회의 결성에 즈음하여 한국의 근대성 확보 노력이 건국이라는 정치혁명을 시작으로 근대화라는 산업혁명을 거쳐 최종적으로 자유민주주의에 의한 통일로 완성된다는 역사적 판단을 근거로 다음과 같이 선언한다."[09]

이것은 2017년 노재봉이 중심이 되어 결성된 '한국자유회의'의 창립선언문의 전문(前文)이다. 이들은 대한민국 역사를 건국혁명-산업혁명-통일혁명이라는 일련의 연속적 혁명과정으로 파악한다. 대한민국 역사 자체가 혁명사인 것이다. 노재봉은 먼저 대한민국 혁

---

07   이인호, 122쪽

08   노재봉과 관련된 인용들은 그가 제자들과 나눈 두 권의 대화집(『정치학적 대화』와 『한국 자유민주주의와 그 적들』)에 근거한다. 이 문헌들이 대화집인 만큼 텍스트에는 여러 발화 주체들이 섞여 있다. 하지만 필요한 경우 이외에는 이를 일일이 구분하지 않고 노재봉을 대표 발화 주체로 표시한다.

09   노재봉 외, 『한국 자유민주주의와 그 적들』, 19쪽

명의 의미를 이렇게 진단한다.

"대한민국의 탄생에는 두 가지 큰 혁명적 의미가 있어요. 국제정
치적으로는 제국주의로부터의 해방이라는 것은 익히 잘 알고 있지
요. 그렇지만 의외로 국내적으로 왕조 체제를 복원하지 않았을 뿐
아니라 오히려 이에 종지부를 찍고 사상 처음으로 자유민주주의 원
칙 아래 '국민'이 주권자로 설정되는 민주공화국이라는 정치 체계
를 수립하였다는 점은 눈여겨보지 않는 경향이 있는 것 같아요. 저
는 바로 이러한 후자의 차원에서 대한민국 건국은 가히 하나의 혁
명적 사건이었다고 봐요. 결국 해방 이후 가장 핵심적인 과제는 국
가 체제의 선택 문제였지요."[10]

그러면서 국민이 무엇인가에 대해 이렇게 설명한다.

"그렇다면 국민을 의미하는 nation이란 무엇일까요? 대한민국 헌
법 1조 1항에 "주권은 국민에게 있다"고 규정되어 있는 바로 그 국
민을 의미하지요. 즉 국가 권력의 정당성을 확인하는 명분이 국
민에게 있다는 것이며, 이때의 국민은 문화적 집단으로서의 성격
을 넘어 정치적 의미를 부여받게 되는 것이지요. 그런데 그런 명분
은 과거 한국사에서는 존재한 적이 없었고 1948년 대한민국의 건국
과 함께 비로소 처음으로 생겨나게 된 것이지요. 이런 의미에서 건

---

10 노재봉 외, 『정치학적 대화』, 성신여대 출판부, 2015. 157쪽

국이 혁명적 의미를 갖는 것이지요. 종족적, 문화적으로 동질적 민족이 있다고 해서 그 민족을 바탕으로 설립된 국가가 모두 nation-state, 즉 국민국가 혹은 민족국가는 아니기 때문이지요."[11]

노재봉의 주장은 이인호의 그것과 다르지 않다. 노재봉은 대한민국 건국이 혁명적일 뿐 아니라 진보적이기도 하다는 점을 강조 한다.

"자유민주주의는 한반도라는 특수한 상황에서만 진보성을 갖고 있는 것이 아니라 세계사적으로도 그 진보성이 입증되었다는 점에서 보편성을 갖고 있다고 할 수 있다. 자유민주주의는 전제정과 군주정을 뒤집어엎고 나왔을 뿐만 아니라 파시즘과 전체주의와의 대결에서도 승리한 정치 체제이다. 이렇게 보면 자유민주주의는 한반도라는 특수한 상황과 세계사라고 하는 보편적 관점에서 볼 때 모두 진보성을 갖고 있는 사상이라는 것을 알 수 있다."[12]

대한민국의 자유민주주의 체제는 근대화라는 세계사적 진보의 일환이라는 것이다. 이러한 근대화 혁명으로서의 대한민국 건국혁

11　노재봉 외, 『정치학적 대화』, 156쪽
12　노재봉 외, 『한국 자유민주주의와 그 적들』, 33쪽

명은 산업혁명으로 이어진다.

산업화와 중층결정

민주화와 더불어 대한민국의 양대 서사 중 하나이자 노재봉이 혁명이라고 칭한 한국의 산업화는 1960년대 박정희 정부에 의해 본격적으로 추진되었다. 노재봉은 5·16이 쿠데타로 시작되었지만 혁명으로 발전했다고 본다.

"5·16 자체는 분명히 쿠데타입니다. 다만 군사 쿠데타로 시작했지만 이후 박대통령은 통치 기간 동안 '근대화 혁명'에 눈부신 성공을 거두어 오늘날 선진 한국의 확고한 기틀을 다졌다는 것 또한 사실입니다…

많은 사람들이 박대통령의 업적으로, 가난을 물리친 것, '할 수 있다'는 정신을 일으켜 세운 것 등을 지적하고 있습니다. 물론 이는 엄연한 사실입니다만 어떤 면에서는 지극히 즉물적이고 표피적인 인식이라 하겠고, 보다 엄밀히 말하면 '근대화 혁명'이었다고 할 수 있을 것입니다. 근대화는 산업화와 민주화를 양대 축[13]으로 하는 것인데, 무엇보다도 그는 산업화에 성공하였고 나아가 이를 통해 민주주의의 담지자인 중산층을 육성해냄으로써 민주화의 계층적 기

---

13 나는 노재봉과 달리 근대화를 산업화와 민주화를 넘어서 더 넓은 지평에서 이해하는데, 이에 대해서는 나중에 이야기할 것이다.(저자 주)

반을 마련했다는 것입니다.

이렇게 한국의 근대화 특히 산업화는 분명히 박정희 정부의 주도 하에서 이루어졌습니다. 문제는 그것이 5·16 쿠데타로 정권을 잡은 군부 권위주의 정부하에서, 그것도 상당 부분 강압적으로 추진되었다는 데 있습니다. 그런 점에서 많은 사람들이 지금까지도 '걷지 않은 다른 길'을 아쉬워하고 있지 않나 생각됩니다. 다시 말해서 '선민주화' 혹은 '민주화·산업화의 병진' 노선 같은 것이 가능했지 않았나 하는 통념을 갖고 있다는 말씀입니다."[14]

산업화 시기의 한국은 통상 발전국가(development state)라고 불린다. 한국형 발전국가의 조건에 대해 김일영은 이렇게 설명한다.

"한국이 경제 발전에 성공한 요인으로 가장 많이 지적되는 것이 효과적인 국가 개입과 그것을 가능하게 만든 발전국가이다. 발전국가의 속성으로는 국가 자율성과 능력이 상대적으로 높다는 점이 주로 거론된다. 한국에서 이러한 발전국가가 본격적으로 형성·발전된 것은 1960년대 이후이지만 그 사회적 토대는 1950년대 만들어졌다. 특히 농지개혁과 전쟁은 자율성이 큰 국가를 낳는 데 결정적으로 기여했다. 국가의 상대적 자율성이란 국가가 사회의 지배계급의 의사에 반해 정책을 입안하고 추진할 수 있는 정도를 말한다. 농지개혁과 전쟁은 한국의 전통적 지배계급인 지주를 몰락시켰다. 따라

---

14   노재봉 외, 『정치학적 대화』, 174~175쪽.

서 남미나 동남아 국가들과 비교할 때 한국의 국가는 지주계급에게 발목 잡혀 어떤 정책을 추진하지 못하는 일은 없게 되었다. 물론 이들의 공백을 신흥 자본가가 메웠다. 그러나 그들은 처음부터 국가(정치)에 의존하지 않고는 성장할 수 없는 존재들이었다. 자본가들은 지주가 몰락한 틈을 비집고 들어오기는 했지만, 그들의 부상이 곧 지주 몰락이 가져온 사회 세력의 공백을 메워주지는 못했다. 그렇게 되기에는 당시 자본가들은 너무 자생력이 약했다. 그들은 국가나 정치를 좌우하는 것이 아니라 오히려 거기에 의존해야만 클 수 있는 정치적 자본가들(political capitalists)이었다.[15]

발전국가의 성격을 통상 개발독재 체제라고 일컫는데, 조희연은 이를 개발동원 체제라고 바꿔 부르며 이렇게 설명한다.

"개발동원 체제라고 할 때 그것은 '근대화(개발, 산업화, 발전 혹은 성장)'라는 국민적·민족적 목표(혹은 그렇게 인식되는 목표)를 향해 국가가 위로부터 사회를 강력하게 추동하고 동원하는 체제다. 근대화가 지체되어 그것이 국민적·민족적 달성 과제로 되어 있는 특성과 그것을 '전투적'으로 달성하고자 하고 그것을 통해서 스스로의 정당성을 강화하면서 체제를 유지하는 특성이 개발동원 체제에는 일반적으로 존재한다. 동원은 바로 민족적·국민적 목표를 전투적으로 달성하고자 하는 위로부터의 전략적 행위라고 할 수 있다. 동원을 주

---

15 김일영, 『건국과 부국』, 기파랑, 2023. 169쪽

된 특징으로 하는 이런 개발 체제는 정치사회적으로 이중적 성격을 갖는다. 즉, 근대화라는 국가 목표를 수행하는 데 있어서의 높은 효율성과 반대로 그런 동원의 과정에서 나타나는 높은 '위기적 성격'이다."[16]

개발동원 체제는 근대화라는 목표를 향해 사회적 자원을 전투적으로 동원하지만, 그러한 동원은 발전이 이루어질수록 저항에 부딪히게 되고 마침내는 멈추게 된다는 것이다. 당연하다. 성공의 역설이라고나 할까. 한국의 개발동원 체제 역시 예외가 아니었다. 다만 조희연은 한국의 발전국가가 일방적 강압이 아니라 강압과 동의라는 이중구조로 작동된다고 한다. 이를 조희연은 그람시의 헤게모니 이론으로 설명한다.

한편 조희연과는 전혀 다른 관점에서, 사회학자 류석춘은 한국 산업화의 성공에 대해 유교자본주의론을 끌어들인다. 그는 한국형 발전국가의 성립에는 유교 자본주의라는 특성을 빼놓을 수 없다고 하면서 한국을 포함한 동아시아(일본, 대만, 싱가포르)의 경제 개발이 어떻게 전통적 가치와 결합되어 있는가를 설명한다. 전통적 가치란 바로 유교에 근거한 연고(緣故)이다.

"'유교 자본주의'라는 개념은 한국을 비롯한 유교문화권의 동아시아 국가가 서구의 '기독교 개신교 자본주의'와는 전혀 다른 모습

---

16 조희연, 『동원된 근대화』, 후마니타스, 2010. 9~10쪽

으로 경제 발전을 이룩한 사실에 주목하는 개념이다. 동아시아에서 유교와 자본주의가 역사적으로 결합하는 과정은 서구에서 개신교가 자본주의와 결합하는 과정과 전혀 다른 모습을 보여주었다. 서구는 중세의 지방분권적인 지배 질서를 극복하는 과정에서 개신교와 자본주의가 결합하였다. 그러나 동아시아에서는 중세의 중앙집권적인 지배 질서를 유지하는 과정에서 유교와 자본주의가 결합하였다. 따라서 서구의 자본주의는 '밑으로부터' 시작되었고, 동아시아의 자본주의는 '위로부터' 시작되었다."[17]

그 이유에 대해서는 이렇게 분석한다.

"서구 사회의 기준에서 한국은 국가는 강한데 사회는 약한 경우로 분류한다. 바로 이러한 이유로 한국에서 장기간 권위주의적 정권이 들어설 수 있었고 또한 강한 국가가 별 저항 없이 허약한 시민사회를 통제하고 또 그로부터 자원을 추출할 수 있었다고 설명한다. 또한 같은 이유로 한국 사회는 근대 자본주의 발전에 필요한 결사체가 내부적이고 자생적인 방식으로 조직되지 않은, 다시 말해 전근대적이고 전통적인 공동체 사회가 지속되어 왔다고 인식한다.

그러나 사회자본의 시각에서 바라보면 한국 사회는 발전과 협동을 만들어낼 수 있는 풍부한 사회적 자원을 차고 넘치게 가지고 있다. 왜냐하면 한국 사회를 특징짓는 가장 중요한 현상 중의 하나가

---

17 류석춘, 『유교와 연고』, 북앤피플, 2020. 192쪽

바로 국가/비국가, 공식/비공식 영역에 걸쳐 광범위하게 거미줄처럼 구축된 연결망이 존재하기 때문이다. 혈연, 지연, 학연 즉 연고(緣故)로 얽힌 이 사회적 관계는 개인에게 행위의 자원을 제공하여 원하는 목표를 이루는 기회를 제공하는 수단으로 활용되기도 한다. 그렇기 때문에 한국 사회의 개인은 부단히 이 연결망을 만들고 유지하는 사회적 투자에 열중하고 있다."[18]

류석춘에 따르면, 한국의 유교적인 연고는 서구 자본주의의 발전을 가능하게 한 개신교 윤리의 기능적 등가물(functional equivalence)이다. 류석춘은 한국의 발전국가가 '강한 국가(strong state)'와 '약한 사회(weak society)'로 이루어져 있다는 통념을 부정한다. 대신에 한국은 '강한 국가'와 '강한 사회'로 이루어져 있다고 말한다. 위로부터의 산업화를 추진한 '강한 국가'는 말할 것도 없지만 연고로 얽혀 있는 사회도 '약한 사회'가 아니라 '강한 사회'라는 것이다. 그것은 서구 근대적 의미에서의 시민사회는 아니지만, 한국의 유교적 전통에 기반한 한국형 시민사회의 한 모습이라는 것이다.

그러니까 류석춘은 한국의 산업화가 '강한 국가'에 의한 국가 주도와 함께 그와 기능적·유기적으로 결합된, 연고로 얽힌 '강한 사회'의 합작품이라는 것이다. 류석춘의 말대로라면 한국의 산업화는 근대적 발전국가와 전근대적 유교문화의 중층결정(overdetermination)의 산물이 된다. 류석춘이 말하는 이중성은 조희연이 말하는 이중성

---

18   류석춘, 40~41쪽

과 같지 않다. 조희연이 다소 기계적인 분류(억압과 동의)를 하는 것이라면 류석춘은 내적 작동 원리에 천착한다. 그동안 한국의 연고문화는 부정적 유산으로서 근대화의 방해물로 인식되었다. 그러나 류석춘은 오히려 그러한 유산이 한국의 산업화 과정에서 서구 개신교의 기능적 대응물로 긍정적 역할을 했다는 점을 재삼 강조한다. 그리고 앞으로도 한국 사회의 발전은 이러한 구조적 경로를 벗어나서 이루어질 수 없다는 전망까지 내놓는다. 류석춘의 논리는 분명 연고문화가 가진 부(負)의 측면을 간과한 것으로서 논란의 여지가 크지만 이에 대한 논의는 여기에서 다루지 않는다. 다만 류석춘의 주장은, 그 긍정성과 부정성을 떠나서 한국의 근대화가 근대성과 전근대성의 이종모순결합이라는 나의 논지의 한 방증이 된다.

민주화와 두 갈래의 운동

한국의 민주화는 통상 1960년대 이후 전개된 민주주의를 위한 일련의 노력들의 집합으로 볼 수 있다. 그것은 한마디로 말하면 이승만에서부터 박정희, 전두환 정부에 이르기까지의 권위주의 체제에 대한 반발로서 탈권위주의 체제를 지향한 것이라고 할 수 있겠다.

그리고 보면 한국의 민주화는 크게 두 단계로 구분할 수 있다. 1948년의 대한민국 출범 자체가 자유민주주의 체제의 시작이었던 만큼 그것이 1차 민주화이다. 하지만 한국 사회에서 통상 말하는 민주화는 앞서 말했듯이 1960년대 이후의 일정한 정치적·사회적 운동을 가리킨다. 따라서 이러한 민주화는 2차 민주화로서 1차 민주화에 대한 수정, 보완 또는 반동으로 볼 수 있다. 그러니까 대한민국의 민주화는 건국 당시에 1차 민주화가 이루어졌고, 이후 1차 민주화의 한계와 모순을 극복하려는 움직임으로서 2차 민주화가 이루어졌다고 할 수 있다. 하지만 보통은 민주화라고 하면 2차 민주화를 가리키기 때문에, 여기에서는 2차 민주화만을 민주화라고 일컬을 것이다. 한 연구에서는 민주화 운동에 대해서 이렇게 말한다.

"먼저 민주화라고 할 때, 1987년의 직선제 수용이나 군부 권위주의 정권에서 민간 정권으로의 이행이라고 하는 일회적 사건으로 이해하는 경우가 많다. 그러나 본 연구는 한국 민주주의 역사를 해방 이후 여러 차례의 반전을 거치면서 전개되어온 거시역사적 과정으로 이해하고자 한다. 이처럼 거시역사적인 시간에서, 해방 이후의 전역사적 과정으로 민주화를 바라볼 때, 한국 민주주의의 전체상이 총체적으로 파악될 수 있다. 다음으로 민주주의 확립 혹은 민주화라고 하는 것은 정치 체제가 권위주의 정권에서 민주 정권으로 전환하는 정치적 사건만은 아니다. 본 연구에서는 자본주의적 사회 구성으로의 변화, 혹은 산업화라는 경제적 변화와 내재적 상호관계 속에서 진행되는 정치적 변화로 이해하고 분석하고자 한다. 그런 점에서 본 연구는 민주주의 역사를 총체적인 사회경제사의 일부로서 접근하고자 한다고 표현할 수 있다."[19]

민주화 운동을 한국 자본주의의 변화라는 관점에서 본다는 점에서 좌파적 시각을 잘 보여준다. 노재봉 역시 민주화가 등장한 이유를 사회변동의 관점에서 설명한다는 점에서는 별반 다르지 않다.

"박정희식 경제개발의 가장 큰 문제점 중 하나는 무엇보다 국가가 재벌을 강하게 만든 결과 중소기업들이 계속 무시되거나 희생되어왔다는 데 있어요. 그래서 저를 포함한 당시의 많은 사람들이 자유민주주의적인 입장에서 박정희식 산업화의 비용이 너무 크다는 비판을 했었던 것이지요. 그런 브레이크는 당시에도 필요했고 지금도 그렇다고 보지요. 만일 그런 브레이크가 없었다면 박정희 체제가 과연 어디까지 갔을지, 그래서 얼마나 더 역사에 주름살을 끼쳤을지 모르는 것이니까요.

이러한 산업화의 후유증은 민주화 이후 상당히 치유되었지만 아직도 충분히 개선되지 못하고 있는 부분 또한 적지 않지요. 이것이 우리 경제와 사회가 한 단계 도약하는 데 걸림돌로 작용하고 있다는 것이 많은 전문가들의 진단이기도 하고요.

그러나 이러한 한계 속에서도 한국은 농경사회에서 산업사회로 전환될 수 있었고, 비로소 건국이념이었던 자유민주주의를 내실화할 수 있는 구조적 기반을 확보할 수 있게 되었던 것이지요. 그러나

---

19 성공회대 사회문화연구원 노동사연구소, 『한국 민주화 운동의 전개와 구조』(한국연구재단 연구과제 보고서), 2001. 5쪽

이는 자유민주주의를 실현하기 위한 필요조건을 갖추었다는 것이지 충분조건이 확보되었다는 뜻은 아니었어요.

여기서 충분조건이란 민주화를 의미하며, 이는 산업사회를 기반으로 형성된 새로운 사회 구조를 토대로 하는 것이지요…"[20]

노재봉은 민주화가 산업화의 결과라고 말한다. 산업화가 고도화되면서, 더 이상 국가 주도의 발전이 불가능해지고 민간 주도로의 전환이라는 시대적 요청이 민주화를 가져왔다는 것이다. 그런 점에서 노재봉은 민주화 운동의 주역이 노동자가 아니라 '넥타이 부대'라고 불리는 중산층이었다고 본다. 이처럼 대한민국의 양대 서사인 산업화와 민주화를 분리가 아닌 연속의 관점에서 보는 것은 매우 중요하다.[21] 다만 그때 그 연속성이 어떤 연속성인가를 아는 것은 더 중요하다. 왜냐하면 이는 바로 한국 민주화의 구조와 동력이 무엇인가를 묻는 것이기 때문이다.

한국의 민주화는 산업화가 가능했기에 가능했다. 만약 산업화가 없었다면 민주화도 불가능했을 것이다. 민주화를 어떻게 보고 평가하든지 간에 일단 이러한 판단에는 좌우를 떠나 이의가 없을 것이다. 노재봉은 한국의 산업화가 시민사회 형성의 기반을 마련했으며, 더 이상 국가 주도의 권위주의적인 방식의 근대화가 불가능해

---

20 노재봉 외, 『정치학적 대화』, 185~186쪽

21 김광동은 민주화의 출발인 4·19와 산업화의 출발인 5·16을 '연속된 근대화 혁명'으로 보는 흥미로운 관점을 제시한다. 김광동의 관점에서는 민주화가 산업화에 선행한다. 물론 그 성숙도의 문제는 다른 것이겠지만 말이다. 김광동, 『4·19와 5·16』, 기파랑, 2018.

진 한계점에 도달했을 때 그것을 돌파하고 넘어서기 위해서 민주화가 대두되었다고 말한다. 충분히 논리적인 설명이라고 할 수 있다. 그런데 나는 그러한 경제적인 원인 외에 사회문화적 원인에 의한 설명이 더 필요하다고 생각한다. 그럴 때 민주화에 대한 인식과 평가는 전혀 달라질 것이다. 그런 논의를 펼치기 위해서는 먼저 민주화 운동을 크게 두 갈래로 구분하는 것이 필요하다. 자유민주주의 운동과 민중민주주의[22] 운동이 그것이다.

1) 자유민주주의 운동

자유민주주의 운동으로서의 민주화 운동은 한국 자유민주주의의 취약과 결핍을 보완하여 한 단계 높은 수준으로 끌어올리려고 하는 운동이다. 대한민국은 1948년 건국되었지만 여러 가지 환경과 여건으로 인해서 자유민주주의 이념을 제대로 실현할 수 없었다. 이승만은 건국 초기의 어려움과 전쟁 등으로 인해 권위주의 통치로 일관할 수밖에 없었으며, 박정희는 경제 개발이라는 지상명제를 실천하기 위하여 억압적인 통치를 펼쳤다. 이승만과 박정희 모두 노재봉의 표현에 의하면, 건국혁명과 산업혁명의 주역이었지만 그들의 시대는 여러 가지 이유로 인해 자유민주주의의 수준이 매우 제한적일 수밖에 없었다.[23]

그러나 이승만이 비로소 외형적이나마 자유민주주의 국가를 건

---

22 인민민주주의와 같은 의미로 사용한다.

23 물론 노재봉은 이승만과 박정희가 권위주의적 통치로 일관했지만 자유민주주의를 완전히 죽이지는 않았기 때문에 산업화와 민주화가 가능했다고 본다.

설했기 때문에, 그리고 박정희가 억압적인 방식으로나마 산업화를 성공시켰기 때문에, 시간이 지나면서 억압적 통치는 더 이상 불가능하고 이제 보다 높은 수준의 민주주의에 대한 요구가 시민사회로부터 터져 나오게 된다. 이것이 민주화이다. 이인호 역시도 이렇게 판단한다.

"건국 이후로도 4·19, 유신 반대 투쟁, 광주민주화운동 등 민주주의의 진척과 정착에 기여한 많은 투쟁과 사건들이 있었지만, 그것들은 모두 대한민국 건국혁명의 이념과 그 혁명으로 만들어진 제도적 장치의 보호가 있었기에 발발할 수 있었고 그 테두리 안에서 효력을 발생할 수 있었던 것이다. 그 사건들은 대한민국 건국이념이나 제도에 대한 전면적 부정에서 출발한 것은 아니었다. 만일 대한민국이 건국되지 못하고 헌법에 의한 국민적 권리의 보장이 없었다면, 4·19도, 이승만 대통령의 하야도, 6·10항쟁도, 생각할 수 없는 일이었다."[24]

하지만 민주화운동이 모두 이인호가 말한 그런 성격을 띤 것은 아니었다. 말하자면 대한민국의 자유민주주의를 상승시키는 것과는 근본적으로 다른 방향인 민중민주주의로의 추동이 있었고 이러한 움직임 역시 민주화운동이라고 불렸기 때문이다. 그런 점에서 민주화 역시 체제 선택이라는 한국 근대에 드리워진 근본적인 운명

---

24 이인호, 131쪽

의 궤적으로부터 벗어나는 것은 아니었다.

2) 민중민주주의 운동

자유민주주의 운동으로서의 민주화 운동이 한국 자유민주주의의 취약과 결핍을 보완하여 보다 높은 수준으로 끌어올리려고 한 것이라면, 민중민주주의 운동으로서의 민주화 운동은 대한민국의 자유민주주의 체제를 원천적으로 부정하고 북한과 같은 인민민주주의로 변화시키려고 한, 또 한 번의 체제 선택적 기획이었다고 말할 수 있다. 그런 점에서 한 때 '변혁운동'이라고 불린 추동은 사실상 대한민국의 북한 체제로의 변화를 기도한 셈이라고 할 수 있다. 주사파라고 불리는 집단이 그 핵심임은 말할 것도 없다.

그런데 주목해야 할 것은 민중민주주의 운동 역시 박정희 체제 내에서 태동되고 강화되었다는 점이다. 류석춘이 산업화 과정에서 유교적 연고가 중요한 기능을 했다고 한 것처럼 박정희 역시 근대화 과정에서 전근대적인 요소를 많이 활용했다. 흔히 박정희 정신을 '하면 된다'라는 진취적인 것으로 파악하지만, 그러한 모토 하에 그가 실제로 동원할 수 있는 정신적 자산이라고는 전통적인 것 밖에 없었다. 박정희는 민족문화의 계승과 창조를 강조하면서 수많은 전통을 발굴하고 발명해냈다. 세종과 이순신과 동학과 김구를 현창한 것은 박정희였다. 광화문광장과 국회의사당에 이순신과 세종 동상을 세운 것도 박정희였다. 박정희 시대의 전통문화 진흥에 대해서는 많은 연구가 있다.[25] 그렇게 보면 민중민주주의 운동의 자산 역시 상당 부분 박정희 체제로부터 육성되어 나온 것이다. 그것은 종족주의로서의 문화민족주의라고 할 것이다.

물론 문화민족주의는 일제의 식민 지배가 시작되면서부터 그에 대한 저항으로서 형성되고 이어져온 것이지만, 이것이 결정적으로 확대 재생산되는 것은 바로 박정희 시대였다. "우리는 민족중흥의 역사적 사명을 띠고 이 땅에 태어났다"라는 「국민교육헌장」의 첫 문장이 그것을 증명한다. 정확히 말하면 오늘날 한국인들이 전통문화라고 생각하는 것들 중 대부분은 바로 박정희 시대에 '선별되고 (selective tradition, 레이먼드 윌리엄스)' '발명된(invention of tradition, 에릭 홉스봄)' 것들이다. 따라서 박정희 체제는 물질적 근대성과 정신적 전근대성의 결합이라는 한국 근대성의 원형적 특징을 잘 보여준다고 하겠다.

그리고 보면 한국의 우파와 좌파 모두 박정희 유산에서 벗어나지 않는다. 우파는 민주화가 산업화의 성공의 자연스런 승화라고 보면서 그 둘 간의 모순보다는 발전적 계승에 주목한다. 그에 반해 좌파는 박정희가 발전·강화시킨 민족주의적 정념을 이어받아 거꾸로 대한민국과 이승만과 박정희를 반민족적이라고 부정한다. 민주화 운동 중에서도 자유민주주의 경향은 자유민주주의의 취약성을 보완하려고 한다는 점에서 대한민국 혁명의 연장선상에 있지만 민중민주주의 경향은 대한민국 자체를 부정한다는 점에서 반대한민국적

---

25 하효숙, 「1970년대 문화정책을 통해 본 근대성의 의미」, 서강대 석사논문, 2000. 참조

이며 반근대적인 성격을 띤다. 사실 이 둘은 모두 박정희 체제 속에서 생성, 강화 된 것들이라는 점에서 쌍생아일 수도 있는데, 사실 여기에 한국 근대화의 모순과 이중성이 그대로 배태되어 있다는 점은 앞서 지적하였다.

대한민국 혁명의 현실과 인식

이인호와 노재봉이 주장하는 대한민국 혁명국가론은 타당하다. 그런데 대한민국이 혁명국가라는 주장이 낯설게 들리는 것은 왜일까. 아마 대부분의 한국인들의 의식 속에는 대한민국이 프랑스와 같은 혁명국가라는 인식이 없을 것이다. 국체와 정체 등 외형적인 면을 보면 대한민국은 분명 혁명국가가 맞다. 그런데도 대한민국이 혁명국가라는 인식이 없다면 그 이유는 무엇일까. 아마 그것은 대한민국 혁명의 경로와 구조가 서구의 혁명국가들과 다르기 때문이 아닐까. 나아가 대한민국 혁명의 특수성을 인식하지 못하게 만드는 어떤 인식의 구조가 있기 때문이 아닐까. 대한민국 혁명의 현실과 인식의 불일치에 대해서 물어야 할 것은 이런 것이 아닐까.

객관적으로 볼 때 대한민국의 건국과 발전은 혁명적임에도 불구하고, 대부분의 한국인들이 그렇게 인식하지 못하는 것은 역시 대한민국 혁명의 특수한 경로 때문일 것이다. 한마디로 말하면 프랑스혁명과 같은 아래로부터의 폭력혁명이 없었기 때문이다. 물론 서구를 보더라도 모든 혁명이 폭력혁명이었던 것은 아니다. 영국혁명처럼 피를 흘리지 않은 명예혁명도 있었다. 하지만 아무래도 혁명이라고 하면 프랑스혁명이 대표하듯이 아래로부터의 봉기에 의한 폭력혁명이 전형적이다.

그런데 대한민국 혁명은 프랑스혁명과는 달리 외부로부터의 혁명이며, 위로부터 주어진 혁명이었다. 전자는 일제의 패전으로 인한 미국의 점령인 미군정기로부터 대한민국 정부 수립의 과정에서 외부의 힘이 크게 작용했기 때문이고, 또 그러한 과정에서 주도적인 역할을 한 것이 이승만을 비롯한 민족 엘리트들이었기 때문이다. 그런 점에서 대한민국 건국에는 아래로부터의 민중의 봉기에 의한 폭력혁명이라는 모습을 찾아볼 수 없다. 물론 해방공간에서부터 한국전쟁에 이르는 동안 좌우대립에 의한 폭력이 어마어마했지만, 그 역시 일반적인 혁명의 과정과는 달랐다고 해야 할 것이다.

그런데 대한민국 혁명이 제대로 인식되지 않는 이유로 아래로부터의 폭력혁명이 아니었다는 점도 있겠지만, 무엇보다도 대한민국 혁명에는 정치경제적 혁명에 걸맞은 사회문화적 혁명이 결여되었기 때문이 아닌가하는 생각이 든다. 다시 말해서 대한민국 혁명은 주로 외부로부터, 그리고 위로부터의 정치적·경제적 혁명이었지 안으로부터, 그리고 아래로부터의 사회적·문화적 혁명은 아니었기 때문이다. 이러한 문제점을 이인호도 지적하기는 한다.

"세계사적 흐름의 맥락에서 볼 때, 대한민국은 서방의 선진국들보다는 백여 년 늦게 건국혁명을 통해 기본 인권과 정치권을 보장할 수 있는 민주주의의 법적 기틀을 마련했다. 그것은 국가로 독립을 이루지 못했거나 공산주의의 사슬에 걸려들었던 나라들보다는 훨씬 앞서서 마련된 것이었다.

다만 그 동안의 문제는 사회 전체가 가지고 있는 도덕적, 지적, 경제적, 문화적 역량이 민주주의 제도의 장점을 살려내고 약점들을 최소화시키는 방향으로 운영될 수 있게 뒷받침할 만큼 성장하지 못했던 데 있었다."[26]

하지만 현실은 이 정도의 점잖은 표현으로 끝낼 수 있는 수준이 아니다. 그것은 정치경제적 근대성과 사회문화적 전근대성이라는 대한민국 혁명과 체제의 근본적이고 구조적인 모순과 직결되어 있다. 아무튼 이제까지 논한 것처럼 대한민국 건국은 혁명이며 따라서 대한민국은 혁명국가임이 분명하다. 그럼에도 불구하고 대부분의 한국인에게 대한민국 혁명이 인지되지 못하고 있는 현실. 혁명은 일어났지만 혁명인지 모르는 혁명. 이 사태를 설명하는 것이 바로 대한민국이라는 국가의 성격을 밝히는 중요한 논점이 되리라고 본다. 이후 이 문제를 하나씩 논의해보려고 한다.

26　이인호, 134~135쪽

2. 헌법과 도상
두 개의 대한민국

보이지 않는 공화국

대한민국은 공화국이다. 심지어 혁명국가이다. 그 점에서는 프랑스와 같다. 그런데 프랑스는 삼색기를 비롯하여 풍부한 공화국의 상징과 혁명의 도상(圖像)을 가지고 있는데, 대한민국은 그렇지 않다. 태극기는 고대 중국의 형이상학적 도상이며, 대통령 문장은 역시 고대 중국에서 황후를 상징하는 봉황 무늬이며, 화폐와 광화문 광장은 조선 시대 인물들로 가득 차 있다. 왜 그럴까. 프랑스와 달리 대한민국의 국가 상징들이 하나같이 공화국답지 않은 것은 놀라운 일이지만, 또 생각해보면 놀랍지 않다. 왜냐하면 바로 여기에 대한민국과 프랑스의 차이가 있기 때문이다.

그 차이란 무엇인가. 그것은 앞에서도 언급한 것처럼 대한민국 혁명과 근대화의 경로가 프랑스와 다르기 때문이다. 프랑스혁명이 내부로부터의 계몽과 아래로부터의 폭력에 의한 급진적인 혁명이었던 반면에, 대한민국혁명은 외부로부터의 영향과 위로부터의 리더십에 의한 온건한 혁명이었기 때문이다. 이것이 바로 대한민국과 프랑스의, 그리고 이 두 공화국의 실재와 표상의 차이를 만들어낸 결정적인 요인인 것이다. 우리는 이 차이를 물어야 한다.

 "1만엔권 화폐 인물로서 1984년부터 쇼토쿠타이시를 대체한 사람이 바로 탈아입구론과 국권론을 결합한 후쿠자와 유키치인 사실도 흥미롭다. 다른 나라의 경우도 비슷하지만 화폐의 정치학은 곧 일본과 일본인의 '마음의 습관'을 그림처럼 보여준다. 이런 화폐의 정치학이 현대 한국에서 실현되지 않는 이유, 즉 '민주공화국 대한민국'의 건설자들이 현대 한국의 화폐에 등장하지 않은 채 조선왕조의 인물들만 화폐의 초상으로 사용되는 현상은 '대한민국 만들기'가 미완으로 남아 있는 우리의 현실과 깊은 상관관계가 있다."[27]

 이처럼 대한민국의 실재와 도상의 불일치에 대해 문제의식을 느낀 사람이 없지는 않다. 하지만 이를 단지 '틀린 그림'이나 '닮지 않은 그림' 정도로만 보는 것은 이러한 도상(圖像)의 의미와 효과를 과소평가하는 것이다.

두 개의 대한민국

 "대한민국은 민주공화국이다." 헌법 제1조 1항은 이렇게 규정하고 있다. 대한민국은 민주공화국임에 틀림없다. 하지만 이제까지 지적해온 것처럼 대한민국의 국가 상징과 주요 기념 시설과 공간에

---

27   윤평중, 『국가의 철학』, 세창출판사, 2018, 47쪽

서 민주공화국 대한민국의 이미지를 발견하기는 힘들다. 다시 물어보자. 왜 그럴까. 조선의 이미지로 커버되어 있는 '도상 대한민국'은 '헌법 대한민국'의 재현에 실패하고 있는 것일까. 그럴지도 모른다. 하지만 다른 한편으로 보면 도상 대한민국은 나름대로 대한민국의 실재를 정확하게 재현하고 있다. 다만 그것은 헌법 대한민국이 아니다. 그러면 무엇인가. 그것은 바로 마음의 대한민국, 영혼의 대한민국이다. 도상 대한민국이 재현하고 있는 것은 사회문화적 전근대 국가로서의 대한민국인 것이다. 이리하여 정치경제적 근대국가로서의 대한민국과 사회문화적 전근대국가로서의 대한민국은 둘이면서 하나가 된다. 이 둘이면서 하나인 대한민국이 대한민국의 실존인 것이다. 따라서 우리는 헌법 대한민국과 도상 대한민국의 모순적 공존을 하나의 비정상적 정상으로서 마주해야 한다. 이러한 대한민국의 기이한 실존을 외면하는 것은 리얼리즘 정신이 아니다.

실재와 재현

도상 대한민국은 헌법 대한민국의 재현이 아니라, 헌법상의 대한민국과는 별개로 존재하는 또 하나의 대한민국이라는 말이다. 이중에 어떤 대한민국이 진짜이고 어떤 대한민국이 가짜일까. 민주공화국인 대한민국이 진짜이고 조선의 이미지로 커버되어 있는 대한민국이 가짜일까. 아니면 일제로부터 되찾은 민족공동체 대한민국이 진짜이고 헌법상의 대한민국이 가짜인 것일까. 아니다. 둘 다 진짜이다.

　현실에 존재하는 것은 엄연히 근대국가 대한민국이지만 한국인의 의식 속에 존재하는 대한민국은 조선의 연장일 뿐이다. '후조선'이라는 말은 농담이 아니다. 나는 이러한 분열이 오늘날 한국 사회의 모든 모순의 근저를 가로지른다고 이미 여러 차례 말한 바 있다. 이것을 나는 근대와 전근대의 문명모순이라고 부른다. 아무튼 이러한 사태는 깊이 설명되어야 한다.

　대한민국은 공화국인데 그 초상이 왕국이라면 이를 어떻게 이해해야 할까. 인물은 문제가 없는데, 화가가 잘못 그린 것일까. 조선의 이미지를 단지 공화국에 대한 '틀린 그림'이나 '닮지 않은 그림' 정도로 이해한다면, 아직 이 사태의 의미를 정확히 모르는 것이다. 조선의 이미지는 틀린 그림도 닮지 않은 그림도 아니고, 하나의 실재를 정확히 재현하고 있다. 그러니까 대한민국의 초상은 맞는 그림이고 닮은 그림이다. 다만 그것은 국민국가(nation state) 대한민국이 아닌 종족국가(ethnic state) 대한민국이다.

　동양화에는 '전신(傳神)'이라는 개념이 있다. 이는 '전신사조(傳神寫照)'의 준말로 초상화를 그릴 때 인물의 외형 묘사뿐 아니라 인격과 내면세계까지 표출해야 한다는 초상화론이다. 신사(神似)라고도 한다. 말 그대로 인물의 영혼을 그려야 한다는 것이다. 동양화에서 초상화는 단순히 외모를 표현하는 것이 아니라는 말이다. 설사 초상화가 인물을 닮지 않았다 하더라도 인물 자체가 다른 것은 아니니 크게 문제가 될 것이 없다고 생각할 수도 있다. 하지만 전혀 그렇지 않다. 대한민국의 이미지를 지배하고 있는 조선의 이미저리는 잘못 그려진 그림이 아니라 오히려 대한민국의 영혼을 정확하게 전신(傳神)하고 있다고 보아야 한다.

그런 점에서 태극기야말로 대한민국의 진정한 전신사조(傳神寫照)이다. 왜냐하면 그것은 대한민국의 외형(공화국)이 아니라 영혼(왕국)을 그려내고 있기 때문이다. 태극기는 민주공화국 대한민국이라는 실재의 상징이 아니다. 『주역』에서 유래하는 태극기의 도상에는 공화국적인 내용을 찾아볼 수 없기 때문이다. 따라서 태극기를 민주공화국의 상징이라고 보는 것은 빗나간 생각이다. 대신에 태극기는 대한민국의 영혼, 즉 사회문화적 전근대성을 표현하고 있다. 따라서 태극기가 상징하고 있는 실재는 헌법 대한민국이 아니라 심상(心象) 대한민국인 것이다. 이것은 농담이 아니다. 나는 이미 대한민국은 하나가 아니라 헌법 대한민국과 도상 대한민국이라는 두 개의 실재로 이루어져 있다고 말했다. 그리고 이것은 대한민국의 정치경제적 근대성과 사회문화적 전근대성을 각기 반영하고 있다고 했다.

한국인의 의식은 여전히 조선이다. 따라서 국기와 화폐와 광장의 조선은 결코 틀린 그림이 아니다. 그것은 정확히 표현된 대한민국의 또 하나의 초상인 것이다. 헌법 대한민국과는 다른 또 하나의 실재로서의 대한민국인 것이다. 모든 대한민국론은 이것을 인정하는 위에서 이루어져야 한다. 이러한 사실을 회피하는 것은 지적으로 비겁하거나 태만한 것이다. 과학적인 대한민국론은 이러한 대한민국의 이중적 실재를 솔직하게 인정하고 정면으로 마주해야 한다.

"태극기는 어떤가? 한국은 군주제 국가에 의해 제정된 국기(國旗)가 민주공화제 국가에서도 그대로 사용되는 아주 드문 사례에 속한다. 대한제국 시기의 태극기, 식민지 총독부 시절의 태극기, 대한민국 시기 태극기의 의미나 기능이 동일하지는 않았을 것이다. 한국 현대사만 놓고 보더라도 태극기의 용법이나 기능은 다양했다. 태극기는 통합, 지배, 저항 등 서로 상충하는 역사적·사회적 맥락들 속에서 등장했다. 한국의 국기 자체가 다층적 시간들의 응축, 다중적인 사회적·정치적 기능들의 복합체라는 성격을 강하게 띠고 있다. 바로 이런 관점에서 국기에 대한 연구가 더 활성화될 필요가 있다."[28]

물론 우리는 태극기의 도상학과 화용론을 구분해야 한다. 비록 도상학적으로 태극기가 봉건적인 기표로 가득 차 있을지라도 태극기가 국권회복과 대한민국 건국 과정에서 공화국의 상징으로 사용된 것을 부정할 수 없다. 말하자면 태극기의 도상학과 화용론은 일치하지 않는 것이다. 우리는 어느 것의 옳고 그름을 떠나서 여기에서도 대한민국의 정체성의 분열을 발견하게 된다. 프랑스 공화국의 경우 혁명과정에서 그 변화하는 실재와 표상이 상호작용하면서 일치되어나간 반면에 대한민국은 그런 과정이 없이 실재와 표상이 완

---

28 강인철, 19쪽

전히 따로 놀게 된 것이었다.[29] 이것이 바로 "대한민국은 민주공화국이다"라는 헌법적 사실과 국기에서부터 광화문광장까지 전부 조선 왕국의 이미지로 커버되어 있는 현실이 별도의 실재로서 존재하는 이유이다.

이미지가 실재를 대신한다는 것은 미술사에서는 잘 알려져 있는 이야기이다. 선사시대 동굴벽화 속의 사슴은 실재의 사슴을 재현한 것이 아니라 또 하나의 실재로서 창조된 사슴이다. 선사인들은 먼저 이미지-실재인 사슴을 사냥한 다음에 실재의 사슴을 포획할 수 있었던 것이다. 이것은 이미지가 실재의 재현을 넘어서 그 자체로 하나의 독립된 실재라는 것을 의미한다. 헌법상의 대한민국과 도상의 대한민국이 각기 다른 실재라는 말도 그런 의미에서이다. 헌법 대한민국이 텍스트라면 도상 대한민국은 이미지이다. 텍스트가 이성적이라면 이미지는 감성적이다. 따라서 헌법 대한민국과 도상 대한민국의 차이를 이성과 감성의 차이로 이해할 수도 있다. 그러면 오늘날 대한민국을 강하게 지배하는 것은 이성적 인식인가 감성적 인식인가. 영국의 미술평론가 존 버거는 감성적 인식, 즉 보는 것에 대해서 이렇게 설명한다.

"보는 행위가 문자에 선행된다는 것은 다르게 설명될 수 있다. 우

---

29 프랑스의 역사학자 모리스 아귈롱은 『마리안느의 투쟁』에서 프랑스 공화국의 상징인 마리안느가 어떻게 형성 발전되어갔는지의 과정을 세밀히 추적하고 있다. '공화국의 이미지와 상징 1789~1880'라는 부제가 그것을 잘 말해주는데, 그는 "위대한 정치사와 부차적이고 부질없다는 평을 받기도 하는 상징적 표상의 역사는 논리적으로 연결되어 있으며, 서로에게 빛을 던져줄 수 있다"(27쪽)라고 말한다.

리를 둘러싸고 있는 세계는 바라다봄을 통해서만 가능하다. 세계를 보고 난 뒤에 우리는 문자를 통해 그것을 설명하려고 하는 것이다. 더욱이 문자 자체가 우리 자신이 어떤 세계에 의해 둘러싸여 있음을 알려주는 것은 아닌 것이다. 물론 보는 것과 아는 것 간의 관계가 쉽게 해명되는 문제는 아니다. 매일 저녁 우리는 해가 지는 것을 볼 수 있다. 그리고 일몰을 통해 지구가 자전하고 있다는 사실을 알게 된다. 그렇다고 지구의 자전에 관한 우리의 지식이 일몰의 현상 자체를 알려주는 것은 아니다. 초현실주의 화가인 마그리트의 「꿈의 열쇠」라는 그림은 이와 같은 문자와 보는 행위의 차이를 잘 보여주고 있다."[30]

중요한 것은 헌법 대한민국과 도상 대한민국이 일치하지 않는다는 사실이 아니라 그 둘이 모두 객관적으로 존재하는 별개의 실재라는 사실이다. 그러면 이 둘 중에서 오늘날 한국인의 국가 의식을 지배하는 것은 어느 것일까. 헌법일까 도상일까. 이에 어떻게 답하는가보다 더 중요한 것은 이러한 이중적 실재 자체가 바로 대한민국의 현존이라는 사실이다. 그리고 이러한 이중성이 바로 한국의 근대성, 근대문명화 속에서의 대한민국의 위치를 정확히 지시하고 있다는 사실이다.

그리하여 다시 한 번 물음을 던져본다. 대한민국은 어디에 있는가. 대한민국은 헌법 속에 있다. 하지만, 그 이상으로 대한민국은 국

30 존 버거, 강명구 옮김, 『영상 커뮤니케이션과 사회(Ways of Seeing)』, 나남, 1987, 35쪽

기에, 화폐에, 광장에 있다. 그런 점에서 도상 대한민국은 헌법 대한민국 바깥에 있는 대한민국. 대상화되어 관찰 가능한, 또 하나의 대한민국인 것이다.

"모든 것들은, 심지어 우리 자신마저도 결국 바깥에 있다… 우리는 길거리에서, 시내에서, 군중들의 한가운데에서 사물들 속의 한 사물로, 사람들 속의 한 사람으로 우리 자신을 발견한다."[31]

대한민국도 그렇게 있다.

---

31   장폴 사르트르의 『말들』. 이솔, 『이미지란 무엇인가』, 민음사, 2023. 14쪽에서 재인용

3. 근대화의 아포리아

근대화의 아포리아

한국 근대성의 역설은 근대화될수록 전근대성도 강화된다는 점이다. 그래서 한국 근대성에 대한 이해는 반드시 전근대성에 대한 이해와 함께 이루어져야 한다. 한국의 근대성은 단일하지 않고 중층적이기 때문이다. 한국의 근대화가 진행될수록 근대성과 함께 전근대성도 증대된다는 것은 정치경제적 근대성과 사회문화적 전근대성이 동시 발전한다는 것을 의미한다. 그 이유에 대해서는 크게 두 가지로 설명할 수 있을 것 같다. 하나는 한국의 근대화가 전근대성을 원료로 삼을 수밖에 없다는 역설이고, 또 하나는 전근대성이 한국의 압축근대화 과정이 낳은 모순의 대리보충과 균형의 역할을 한다는 것이다.

먼저 근대화가 전근대성을 원료로 삼는다는 것은 우파 권위주의 통치에서 찾아볼 수 있다. 건국 시조인 이승만은 물론이거니와 박정희도 민족주의라는 전근대적인 정념을 매우 적극적으로 활용했기 때문이다. 조희연이 말하는 동원이 바로 그것이다.[32] 건국이든 부국[33]이든 한국의 근대화 프로젝트는 위로부터의 전략적 행위에

---

32 조희연, 『동원된 근대화』 참조
33 김일영, 『건국과 부국』 참조

의해 국민적·민족적 자원을 동원하게 되는데, 이 때 동원되는 자원은 전부 전근대에 뿌리를 둔 것일 수밖에 없다. 하나는 민족주의라는 사회적 자원이며 또 하나는 전통문화라고 불리는 문화적 자원이다.

먼저 한국의 민족주의, 다른 말로 종족적 집단주의는 19세기 말 외세의 침략에 대한 반작용으로 등장하여 20세기 내내 강화되어 왔다. 그것은 처음에는 일제의 지배로부터의 독립, 나중에는 거족적인 발전에의 욕망을 위해 동원되었던 것이다. 물론 이를 오늘날 관점에서 비판할 수만은 없다. 당시 한국에 존재하는 사회적 자원은 그러한 종족적 집단주의의 열정 말고는 달리 없었기 때문이다. 지금도 존재하지 않는 개인주의를 그때 찾을 수는 없었다. 결국 한국의 개발국가는 '잘 살아보세'라는 민족주의적 열정을 불쏘시개로 삼아 거대한 사회적 동원을 했고 어쨌든 그 결과 대성공을 거두었다. 목표 대비 그렇다는 말이다. 설사 이것이 나중에 전체주의의 부메랑이 되어 돌아오더라도 당시로는 어쩔 수 없는 선택이었다.

이러한 민족주의적 동원에 중요한 문화적 자원이 된 것은 전통문화였다. 이른바 '위대한 민족문화와 전통'은 바로 그러한 민족주의의 정신적 요소가 되어 개발동원 체제에 활용되었는데, 이는 경제개발이라는 근대 프로젝트의 콘텐츠웨어로서 작용했다. 이러한 근대 프로젝트와 전근대 콘텐츠의 모순적 결합이 바로 내가 한국 근대화의 역설이자 난제(아포리아)라고 부르는 것이다. 이는 불가피한 선택이었다고 할 수 있다. 근대적인 사회문화적 자원이 없었기 때문에, 건국과 부국의 지도자들은 근대 프로젝트를 위해서 전근대적인 사회문화적 자원을 동원할 수밖에 없었던 것이다. 그 결과 대한민국의 정치경제적 근대성과 사회문화적 전근대성은 상호 강화되는 모순구조를 낳았다.

대한민국은 실패한 국가가 아니다. 아니, 오히려 놀라울 정도로 성공한 국가이다. 이를 가능케 한 역사의 연속성을 김광동은 이렇게 설명한다.

"…이승만 정부의 자유민주 및 시장경제 체제 도입 이후 박정희의 5·16은 4·19 정신을 이어받아 근대화와 민족주의적 번영체제의 구현이라는 민족적 염원을 계승한 것이란 사실을 명확히 이해할 수 있다. 또 그랬기 때문에 근대 산업화 체제와 민족주의적 부국강병으로 나아갔던 1961~87년 사이 26년 간 일관되게 전개된 비약적 경제성장을 이룩한 한국 사회를 이해할 수 있다."[34]

이것은 분명 대한민국 성공의 기록이다. 하지만 여기까지이다. 우리가 한국의 근대문명화와 관련하여 던지게 되는 가장 근본적인 물음은 이런 것일 수밖에 없다. 정신적 근대화 없이 물질적 근대화가 가능한가. 아마 원론적으로는 가능하지 않을 것이다. 우리가 편의적으로 구분하는 정신(문화)과 물질(문화)은 개념적인 것일 뿐 그 둘은 사실상 하나로 연결되어 있다고 보아야 하지 않을까. 하지만

---

34   김광동, 『4·19와 5·16』, 기파랑, 2017, 38쪽

이 문제는 결코 간단하지 않다. 차성환의 말을 들어보자.

"…구한말의 지식인들은 서로 다른 상이한 입장을 보였다. 첫째, 척사위정(斥邪衛正)이란 기치를 내걸었던 사회에서 절대 다수를 점했던 지식인들은 서구의 사상과 문물을 전면적으로 거부하는 태도를 보였다. 척사위정이란 조선 사회의 지배이념이었던 신유교, 즉 주자의 사상과 주자학적 질서를 지키고 반주자학적 사상 체계를 이단시하여 부정하는 사상적 경향을 의미한다… 둘째, 또 다른 일련의 지식인들은 '동도서기(東道西器)'라는 절충적 방안을 제시하였다. 이들은 문화와 문명을 정신적이고 윤리적인 도의 차원과 물질적인 기술의 차원을 분리할 수 있다는 특이한 견해를 가지고 있었다. 도에 해당된다고 보았던 신유교의 윤리 및 종교적 가치는 그대로 유지하면서, 인간 생활의 물질적 차원의 필요성을 충족시키기 위해서만 서구의 기술과 물질문명에 속하는 것들을 수용하자는 것이다. 마지막 셋째에 해당되는 지식인들은 서구의 물질적 문명과 정신적 문화가 간단하게 분리될 수 있다고 보지 않았다. 이들 지식인 일파는 사회적 혼란과 침체의 원인이 전통적 유교적 문화에 있다고 보고, 한편으로 유교적 폐단을 공격하고, 다른 한편으로는 시급한 사회적 위기의 극복과 생존경쟁에서 살아남을 수 있는 근대적 사회로 개화되기 위해서는 서구 문물과 사상 모두를 총체적으로 수용해야만 한다는 주장을 폈다. 개신교와의 접촉점은 세 번째 부류의 지식인들

입장에서 생성되었다."[35]

차성환은 구한말 근대문명의 도전에 대한 한국 지식인의 반응으로 위정척사와 동도서기와 총체적 수용, 이 셋을 드는데, 우리가 역사를 통해서 아는 바로는 이 셋 중에서 승리한 것이 동도서기파라는 것이다. 동도서기는 말 그대로 동양의 정신(道)에 서양의 물질(器)을 결합하는 혼종적인 문화 수용의 방식인데, 이는 역사적으로 대성공을 거두었다고 말할 수 있다. 동도서기 노선의 성공을 의식적인 전략의 결과로 보아야 할 것인지 아니면 역사적인 법칙의 산물로 보아야 할 것인지는 얼핏 판단이 잘 서지 않지만, 아무튼 결과적으로 볼 때 지난 150년간 한국 근대화의 지배적인 형태가 동도서기적인 것임은 부정할 수 없다. 대한민국이 획득한 정치경제적 근대성의 본질이 바로 그런 것이기 때문이다.

물론 대한민국 건국의 아버지인 이승만의 경우 기독교와의 만남을 통해 총체적 수용을 시도한 전면개화/근대화파이며, 그의 자유주의 사상이 민주공화국인 대한민국의 이념이 된 것은 분명하지만, 그것이 실제 현실에서 그대로 관철되었다고 볼 수는 없다. 다만 이러한 전면개화/근대화(자유주의)의 이념의 바탕 위에서, 박정희에 의한 부국강병 노선이 현실적 결정력을 발휘하면서 크게 성공했다고 볼 수 있다. 그리고 이러한 박정희의 근대 프로젝트가 사회문화적

---

35 차성환, 『글로벌 시대 한국의 시민종교』, 삼영사, 2000, 26~27쪽

전근대성을 정신적 자원으로 삼았음은 이미 밝힌 바 있다.

"가장 중요한 것은 조국의 사회, 경제 부분의 근대화이며, 이를 위해서 문화적으로도 정신적인 총화 단결을 통해 물질적인 근대화를 뒷받침해 나가자는 것이었다. 그렇기 때문에 전통이란 것이 있는 그대로 의미가 있기보다 '자립 경제 건설', '근대화 작업'과 함께 할 수 있는 것이라야 바람직하다는 것이다. 문화가 경제적 근대화의 촉진제 역할을 감당하기를 기대했던 것이다. 실제로는 경제 성장이라고 하는 물질적인 부분에 정책적인 우위를 두고 있었기 때문에 이 과정에서 서구의 문화에 우리의 문화가 종속될 것을 우려하여 전통을 통해 그 한계를 극복하려고 한다. 부정적인 과거 인식과 서구 문화에 대한 인식을 기반으로 하여 생긴 빈자리를 새로운 전통의 창조를 통해 발굴해낸 긍정적인 민족성으로 메꾸었다. 이렇듯 정부 주도하에 만들어진 주체성의 회복으로 그동안 의존적이고 의타적이었던 우리는 자주적인 전통을 공유한 민족으로 부활하게 된다. 범국민적으로 같은 전통을 함께 하게 되고 점점 동질화 되는 문화 속에서 우리의 정체성도 더불어 동질화 되어가는 과정을 겪게 된다. 문화정책이 추구한 동질적 문화 정체성은 근대화의 한 측면으로서 물리적 동질성을 가져오게 한다. 즉, 박정희 정권이 문화를 통치의 대상으로 여기고 그 효율성을 높여 정권의 성과를 드러낼 수 있는 지점이 된다."[36]

박정희는 문화재보호법을 제정하고(1962년) 문화공보부를 설립했으며(1968년) 문예중흥5개년계획을 수립하는(1974년) 한편 한국정신문화연구원(현재 한국학중앙연구원)을 개원시켰다(1978년). 그렇게 보면 물질적 근대화와 함께 전근대성에 뿌리를 둔 정신문화를 강조한 박정희야말로 구한말 이래의 동도서기 노선을 완성한 인물이라고 말할 수 있다. 앞서 대한민국의 근대화를 이끈 선구자들을 공화주의파와 발전주의파로 나눈 바 있거니와, 공화주의자는 대한민국을 건국했고 발전주의자는 대한민국을 부강하게 만들었다고 할 수 있다. 공화주의자는 건국파, 발전주의자는 부국파인 셈이다.

김광동이 4·19와 5·16을 연속혁명으로 파악한 것도 그런 관점으로 볼 수 있겠다. 물론 4·19는 이승만 정권의 독재에 항거한 것이지만, 4·19 역시 대한민국이 이승만이 건설한 자유주의 국가였기 때문에 가능했다는 역설이 성립될 수 있다. 따라서 이승만의 건국과 4·19와 5·16을 일련의 연속적인 근대화 과정으로 보는 것은 얼마든지 가능하며, 그리하여 구한말 이래 한국의 근대화가 공화주의와 발전주의의 상호작용으로 전개되어왔다는 해석도 타당하다. 그리고 이는 구한말의 개화 노선 중에서 동도서기파가 승리했음을 최종 확인해준다. 이러한 사실 역시 한국의 근대성이 전근대성(동도)과 근

---

36 하효숙, 24~25쪽

대성(서기)의 이종모순결합임을 증명하는 것에 다름 아니다.

아무튼 다시 정신과 물질의 분리가 가능 한가 아닌가 하는 본래의 질문으로 돌아가면 이렇게 말할 수 있겠다. 그것은 원론적으로는 맞지만 역사적 현실에서 그 둘은 상당히 유보, 지연될 수도 있다는 것이다. 이는 마치 "사회의 최종심급은 경제이지만, 경제가 사회를 결정하는 고독한 시간은 결코 오지 않는다"라는 루이 알튀세르의 말을 떠올리게 한다고나 할까. 다시 말해서, 역사는 정신이 없어도 물질만의 발전이 상당한 정도로 가능하다는 것을 보여준다. 그런 점에서 대한민국의 역사야말로 놀라운 두 가지의 상반된 진실을 보여준다. 하나는 정신적 발전 없이도 물질적 발전이 상당한 수준으로 가능하다는 것. 그리고 물질적 발전이 상당한 수준으로 이루어져도 정신적 발전은 거의 이루어지지 않는다는 것.

우리는 이 두 명제 사이에서 물음을 던져야 한다. 물론 정신없는 물질의 발전이 무한히 가능하지는 않을 것이다. 그것은 어떤 지점에서 필연적으로 한계에 부딪힐 것이다. 그때는 언제인가. 알튀세르의 말처럼 최종심급이 사회를 결정하는 역사적 시간은 오지 않는 것일까. 보이지 않던 신이 현현하여 인간 역사 속에서 역사(役事)하는 순간은 과연 언제일까.

두 개의 길

이제까지 살펴본 것처럼 대한민국이 근대성과 전근대성의 모순결합으로 이루어진 국가라고 한다면, 그 앞에는 역시 두 개의 길이 나있다고 할 수 있다. 하나는 두 개의 대한민국이 길항작용을 하면서 균형을 유지해가는 것이고, 다른 하나는 둘 중에 하나가 다른 하나를 포섭하여 모순을 해소하는 것이다. 후자에는 다시 두 개의 길이 있다. 하나는 대한민국이 성취한 정치경제적 근대성이 사회문화적 전근대성에 포섭되는 것이고, 또 하나는 정치경제적 근대성이 사회문화적 전근대성을 변화시켜내는 것이다. 어느 것이든 간단하지 않은 역사적 굴곡과 문명 충돌을 불러일으킬 것이다. 전자는 사회문화적 전근대성의 구심력에 정치경제적 근대성이 빨려 들어가는 전근대화의 길이고, 후자는 대한민국이 사회문화적 전근대성을 극복하고 정치·경제·사회·문화의 전 영역에 걸쳐서 높은 수준의 근대화를 달성하는 전면근대화의 길이다.

정치경제적 근대성은 한국이 근대라는 세계문명에 편입되면서 얻게 된 가치이며 세계사적 보편성이 배경이 되었음은 물론이다. 그에 반해 사회문화적 전근대성은 한국의 오랜 전통에서 기인하는 집단주의 문화, 전근대문명에 기반 한다. 따라서 한국의 정치경제적 근대성과 사회문화적 전근대성의 대립은 세계와 한국, 현대와 전통, 보편과 특수의 대립이라는 문명충돌의 형태로 드러나는 것이다.

1) 전근대화의 길

대한민국의 정치경제적 근대성과 사회문화적 전근대성은 상호모순과 대립관계에 있다. 이러한 모순과 대립은 여러 층위에서 사회적 갈등과 문제를 일으키는 원인이 되며 사회적 긴장과 피로를 유발한다. 따라서 이러한 모순을 해소하고자 하는 충동이 생겨날 수밖에 없다. 그런데 이러한 문제가 정치경제적 근대성을 사회문화적 전근대성이 포섭하는 방식으로 해소되면, 이는 전근대화로 회귀하는 것이 된다.

대한민국의 정치경제적 근대성은 제도적이고 외재적인 성격을 가지며, 대한민국이 근대 세계 체제 내에서 독립국가로 인정받고 유지되는데 필수적인 요소이다. 하지만 대한민국의 정치경제적 근대성은 그에 대응되는 사회문화적 근대성을 만들어내지 못한 가운데, 그로부터 지속적으로 위협 받는 상황에 놓여 있다. 정치경제적 근대성이 원심력이라면 사회문화적 전근대성은 구심력이다. 사회문화적 전근대성은 한국의 오랜 전통으로부터 비롯되는 집단주의 문화에 바탕하고 있으며 그로부터 끊임없이 솟아나고 재생산되고 있다. 따라서 사회문화적 전근대성은 정치경제적 근대성을 지속적으로 위협하며 정치경제적 근대성을 빨아들이는 강력한 흡인력을 가지고 있다. 집단주의적 정념에 기반 해 있는 구심력이 원심력보다 훨씬 더 힘이 세기 때문이다.

대체로 정치경제적 근대화를 추진한 세력은 우파인데 반해 사회문화적 전근대성을 담지 하는 집단은 좌파이다. 한국의 좌파는 민족민중주의자들로서 전형적인 전근대적 집단주의의 담지자인 것이다. 한국 좌우대립의 성격에 대해서는 앞서 충분히 밝힌 바 있다. 무엇보다도 대한민국의 정치경제적 근대성이 가진 한계와 결여는 사회문화적 전근대성의 도전을 불러일으킨다. 한국의 민주화 운동이 전근대적인 반동적 성격을 갖는 것도 그 때문이다. 앞에서 한국의 민주화 운동을 자유주의 계열과 민중주의 계열로 구분하였지만, 이들 중에서도 민중주의 계열이 훨씬 더 강하며 민주화 운동의 주류를 형성해왔다. 따라서 이른바 87체제로 불리는 좌파의 헤게모니는 한국의 근대화에 대한 반동으로서 전근대화의 성격을 뚜렷이 보여준다. 주사파는 그 극단이라고 할 수 있다.

"대한민국은 압축적 근대화의 그늘이 짙을 수밖에 없었다… 한국 민주화운동과 1987년 컨센서스는 바로 이 짙은 그늘을 해소해야 한다는 국민적 열망이 모아진 것이다. 후기 조선과 식민지 조선에서 발원하는 억압, 차별, 멸시, 천대가 만든 사적 원한과 민족적 상처와 콤플렉스 등도 바닥에 깔려 있었다. 1987년 컨센서스는 건국산업화의 그늘을 해소하고, 경제발전과 국제정세의 변화(탈냉전 등)에 조응하여 제도, 의식, 문화 등을 업그레이드하자는 것이다. 이는 지속가능한 성장과 통합을 가져오는 어떤 발전(사상)이론으로 형성된 것이 아니라, 국민의 소박한 열망이 모아진 것이었다. 운동권이 주도한 것이 아니라 운동권이 이 열망에 편승한 것이다."[37]

어떻게 보던 간에 민주화 운동은 반근대화 운동의 성격을 강하게

---

37 김대호, 『윤석열정부와 근대화세력의 미래』, 타임라인, 2024, 230~231쪽

띤다. 이는 곧 정치경제적 근대성에 대한 사회문화적 전근대성의 도전이라고 볼 수 있다. 근대화가 진행될수록 전근대성이 강화된다는 역설의 연결고리를 끊지 않는 이상 근대화의 피로도가 극심해지면 전근대성의 지배가 다시 나타날 수 있다. 이는 한국의 근대화가 정치경제적 영역에만 한정되었기 때문이다. 지적했듯이 정치경제적 근대화는 사회문화적 근대화와 짝을 이루지 못했고, 오히려 사회문화적 전근대성(집단주의, 권위주의)을 정치경제적 근대화의 자원으로 동원했다. 따라서 근대화가 되면 될수록 한편으로는 전근대화된다는 놀라운 역설이 벌어지게 된 것이다.

한국의 정치경제적 근대화, 즉 이승만에 의한 민주공화국 건설과 박정희에 의한 경제개발은 다른 한편으로 전근대성을 강화시켰고, 그리하여 마침내 좌파 전근대세력의 대두를 초래했던 것이다. 수구좌파 세력은 바로 전통적인 가치관(민중민족주의)에 기반 한 세력으로서 한국의 근대화(건국과 경제개발)를 외세와 결탁한 친일친미세력의 행위로 본다. 따라서 수구좌파는 이러한 한국의 근대화를 부정하고 다시 전근대사회(민족자주, 민중, 대동세상)로 돌아가기를 꿈꾸는 것이다. 이렇게 되면 대한민국은 근대화 다음에 다시 전근대화 되는 역사의 전진과 후퇴의 실례를 보여주게 될 것이다.

흔히 한국 사회의 전근대성을 봉건 잔재니 하면서 그다지 중요하지 않은, 시간이 지나면 점차 사라질 부차적인 것처럼 생각하는데, 나는 전혀 그렇게 생각하지 않는다. 전근대성을 정면으로 다루지 않는 어떠한 담론도 한국 사회의 설명과 관련하여 적실성이 없다고 본다. 근대 극복을 주장하는 탈근대 담론은 말할 것도 없고. 한국 사회의 전근대성을 배제한 근대 담론 역시 현실에서 비껴난 것일 수밖에 없다. 이 점을 간과하는 한 한국의 근대화 프로젝트는 근본적인 한계를 벗어날 수 없을 것이다.

2) 전면근대화의 길

앞에서도 여러 차례 언급했지만, 대한민국 국가의 존재와 표상의 문제는 대한민국 이전에 한국의 근대화라는 문명적 층위에서 먼저 논의되어야 한다. 한국 근대화의 특수성은 무엇보다도 먼저 근대와 전근대의 균열과 대립에서 찾아야 한다. 19세기 말 이후 한국 사회가 겪어온 모든 사건의 바탕에는 바로 그러한 '근대의 충격'이 자리 잡고 있기 때문이다. 이것이 바로 한국 사회의 주요모순임을 여러 차례 지적한 바 있다. 한국 근대사에 대한 평가 역시 이러한 관점에 기초해서 이루어져야 한다. 결국 대한민국의 미래는 정치경제적 근대성과 사회문화적 전근대성의 갈등과 대립을 어떻게 해소할 것인가에 달려 있다. 정치경제적 근대성이 사회문화적 전근대성을 견인하면 전면근대화가 이루어져 높은 수준의 근대문명을 이룰 수 있을 것이고, 반대로 정치경제적 근대성이 사회문화적 전근대성을 이기지 못하고 집어삼켜진다면 한국의 근대문명화 과정은 또 한 번의 파행을 겪게 될 것이다.

「이 땅의 우익은 죽었는가」[38] 하고 아무리 외쳐봐야 소용없다. 정

---

38 양동안, 〈현대공론〉 1988년 8월호

치경제적 근대성이 사회문화적 근대성을 자동적으로 창출하지 못하며, 한국식 정치경제적 근대화는 오히려 사회문화적 전근대성을 강화한다는 역설적 사실이 분명해졌기 때문이다. 따라서 대한민국이 전근대화의 길로 회귀하지 않고 본격근대화, 심층근대화, 전면근대화 되기 위해서는 근대화에 대한 시야와 문제의식을 정치경제를 넘어서 사회문화로 확대해야 한다.

민주공화국의 건설과 경제개발은 위대한 성과지만 그것만으로 전면근대화가 이루어지지는 않는다. 오히려 그러한 과정에서 전근대성은 더욱 강화되었다. 이러한 딜레마에서 벗어나기 위해서는 정치경제적 근대성을 재생산할 수 있는 사회문화적 근대성을 창출하는 것이 시급하다. 다만 여기에서 주목해야 할 것은 정치경제적 근대성과 사회문화적 근대성이 전혀 다른 성질로 이루어진 것이라는 사실이다. 무엇보다도 정치경제적 근대성이 사회문화적 근대성을 자동적으로 산출하지 못할 뿐 아니라, 사회문화적 근대성의 창출이 정치경제적 근대성의 창출보다 훨씬 더 어렵다는 것이 문제이다.

대한민국은 비서구 국가 가운데에서 정치적 민주주의와 경제적 자본주의를 성공적으로 이룬 몇 안 되는 국가 중의 하나이다. 그런 점에서 대한민국은 위대하다. 하지만 그럼에도 불구하고 한국의 근대화는 매우 불안하고 위태하다. 그것은 정치경제적 근대성을 지속가능하게 재생산해줄 수 있는 사회문화적 근대성이 결여되어 있기 때문이다. 정치경제적 근대성은 한 번 정초되었다고 해서 자동적으로 재생산되는 것은 아니다. 그것은 사회문화적 토대 없이는 지속

되기 어렵다. 사회적 개인주의와 문화적 합리주의의 뒷받침 없이는 정치적 민주주의와 경제적 자본주의가 재생산될 수 없다.[39]

대한민국의 딜레마는 바로 여기에 있다. 시간이 갈수록 정치경제적 근대성의 동력이 떨어지고 피로도가 심해지면서, 정치경제적 근대성이 사회문화적 근대성을 창출하고 견인하기는커녕 오히려 사회문화적 전근대성이 정치경제적 근대성을 집어삼키려는 경향이 강해지기 때문이다. 좌파의 헤게모니가 바로 그것을 증명한다. 좌파의 헤게모니 장악은 전체적으로 한국 근대화의 후퇴와 반동화를 가져온다. 이는 사회문화적 전근대성, 즉 집단주의적 정념이 정치경제적 근대성을 위협하고 후퇴시키기 때문이다. 앞서 밝힌 바 있듯이 대한민국이 정치경제적 근대성에 걸맞은 사회문화적 근대성을 창출하기 어려운 이유는 한국의 근대화 경로가 서구와는 근본적으로 다르기 때문이다. 서구의 경우 사회문화적 근대성(종교개혁과 계몽주의)이 정치경제적 근대성(시민혁명과 산업혁명)에 선행한다. 하지만 한국의 경우에는 사회문화적 근대성 없이 정치경제적 근대화만 이루어졌을 뿐이다. 그리하여 정치경제적 근대화에도 불구하고 사회문화적 근대화는 전혀 내지는 거의 진전되지 않는 것이다.

이러한 한국 근대화의 구조적 악순환의 고리를 어떻게 끊어낼 수 있을까. 대한민국이 정치경제적 근대성만이 아니라 사회문화적 근대성까지 갖춘 높은 수준의 통합된 근대화를 이루려면 정치경제적 혁명만이 아니라 사회문화적 혁명이 필요하다. 과연 이것은 가능할

---

39 최 범, '자유민주주의의 위기와 문화', 『문제는 근대다』, 92~131쪽 참조

까. 이는 결국 한국의 근대화 프로젝트 전체에 대한 성찰을 요구하며, 한국의 전면근대화를 위해서는 정치혁명과 경제혁명만이 아니라 사회혁명과 문화혁명까지 필요하다는 인식을 요청한다.

그런 점에서 이인호와 노재봉의 대한민국 혁명론도 그 한계를 드러낸다. 왜냐하면 그들의 주장대로 대한민국은 혁명국가가 맞지만 그것은 정치경제 영역에 한정되는 반쪽 혁명일 뿐이기 때문이다. 이 땅에는 사회문화 영역의 혁명은 없었으며, 사회문화 혁명 없는 정치경제 혁명은 지속가능하지 않다. 그리하여 대한민국의 자유민주주의 체제는 재생산의 위기에 처해 있는 것이다. 한국의 근대화에 대한 논의가 정치경제 영역에만 한정되는 한, 한국 근대의 근본적인 모순과 한계는 보이지 않게 되고, 자유민주주의 체제의 수호는 공염불에 그치게 된다. 태극기부대와 같은 아스팔트 우파의 논리도 바로 여기에 머물고 있다. 대한민국의 자유민주주의 체제를 지켜야 하지만 그것은 정치적 자유와 경제적 풍요에의 예찬만으로는 되지 않는다. 대한민국의 자유민주주의 체제를 지키기 위해서는 그러한 정치적 자유와 경제적 자유를 뒷받침할 사회적 관계와 문화적 의미체계가 생성되어야 하기 때문이다.

한국의 근대화가 서구와 다른 점이, 근대화의 경로가 내부로부터가 아니라 외부로부터, 아래로부터가 아니라 위로부터 이루어진 것에 있다면, 그리하여 이제 한국의 전면근대화를 위해서는 가지 않은 길, 즉 내부로부터의 근대화와 아래로부터의 근대화를 생성해낼 필요가 있다. 그리하여 외부로부터의 근대화를 내부로부터의 근대화와 만나게 하고, 위로부터의 근대화를 아래로부터의 근대화를 통해서 하나 되게 만드는 것이다. 그럴 때 대한민국 근대화의 발목을 붙잡고 있는 전근대성의 한계를 극복하고 전면근대화의 길로 나아갈 수 있을 것이다. 이것이 한국의 진정한 진보세력, 진보우파 근대화 세력의 역사적 임무이다. 지난 150년간의 제1차 근대화 프로젝트가 정치경제적 근대성과 사회문화적 전근대성의 이종결합에 의한 모순과 한계를 지닌 것이었다면, 이제는 정치경제적 근대성과 사회문화적 근대성이 통합된 다음 단계로서 제2차 근대화 프로젝트를 기획해야 할 때이다.

4. 근대혁명과 대한민국의 미래

대한민국 혁명의 의미와 한계

"대한민국의 건국을 한국 현대사의 중심에 놓은 역사 인식은 최근의 현상입니다. 저는 그런 역사 인식을 '건국사관'이라고 부릅니다. 그동안 우리 학계와 사회는 한국 현대사를 해방과 분단에 초점을 맞추어 왔습니다. 이런 역사 인식을 통해서 한국 현대사를 보니까 대한민국 건국의 중요성이 가려져서 제대로 보이지 않는, 에릭 보글린(Eric Voegelin)이 말하는 일종의 '일식 현상'이 생겨나고 말았습니다. 이러한 일식 현상을 걷어내기 위한 우리 학계의 노력으로 건국의 의미와 그 혁명적 성격이 점차 분명하게 알려지기 시작했습니다."(김영호)[40]

김영호가 말하는 해방과 분단 중심의 역사는 『해방전후사의 인식』에서 보여주는 관점이다. 그에 반해 김영호와 같은 대한민국 혁명론자들은 대한민국 건국의 의미를 강조한다. 대한민국은 한민족 최초의 근대혁명 국가라는 것이다. 혁명은 권력 주체와 구조의 근본적인 변화를 의미한다. 그런 점에서 대한민국은 과거 왕조시대의 신민이나 식민지 백성으로서의 2등 국민이 아닌 국민에게 권력이

---

40 노재봉 외, 『정치학적 대화』, 153쪽

주어졌다는 점에서 권력 주체의 근본적인 변화를 가져왔으며, 국가 권력이 성문화된 헌법에 의해 규정되고 행사된다는 점에서 과거에 없었던 혁명국가가 맞다.

주권재민의 원리에 따른 주권자로서의 국민, 대한민국의 주권이 국민에게 있고 대한민국의 주권자가 국민이라는 사실은 의심의 여지가 없다. 그런데 정말 중요한 문제는 그 대한민국 국민이라는 실제적인 모습이 무엇인가 하는 것이다. 내가 계속 대한민국의 정치경제적 실재와 사회문화적 실재의 불일치를 지적하는 것은 바로 그 때문이다. 근대 국민국가의 주권자로서의 국민은 시민(citizen)임을 전제로 한다. 하지만 과연 대한민국의 주권자인 국민이 형식적 규정을 넘어서 진정한 의미에서의 근대적인 시민인가 하는 데 대해서 나는 의문을 제기한다.

실제에 있어서 대한민국의 국민은 근대적인 의미에서의 시민이라기보다는 전근대 종족공동체의 일원에 가깝다. 시민으로서의 국민 의식보다는 한민족의 구성원이라는 종족 의식이 지배적이기 때문이다. 따라서 헌법상의 규정만으로 대한민국 국민을 봉건 왕조의 신민이나 식민지의 2등 국민과 구분되는 근대국가의 주체로 보는 것은 오류이다. 대한민국 국민의 의식은 아직 그런 수준에 도달해 있지 못하다. 혁명국가 대한민국의 외형은 분명 근대 국민국가이지만 대한민국 구성원들의 의식으로 볼 때 대한민국은 여전히 중세 종족국가에 가깝다. 따라서 이러한 불일치와 모순을 직시하지 않는 모든 대한민국론은 현실을 빗나간 것이라고 나는 생각한다. 김영호가 예를 드는 일식현상은 그로부터 발생한다. 해방과 분단에 초점을 맞춘 한국 현대사 이해는 이러한 종족주의적 의식의 산물인 것이다.

이점이 바로 대한민국 혁명론의 한계이자 문제점이기도 하다. 대한민국 국민을 근대 시민으로 전제하는 인식 말이다. 대한민국 혁명은 정치경제적 혁명에 국한되는 것이지 사회문화적 혁명과는 상관이 없다. 그리고 사회문화적 혁명 없이 정치경제적 혁명만으로 근대혁명을 논할 수는 없다.

"세계사적 관점에서 볼 때, 우리 현대사에서 1910년 이후 진정한 전환점이 있다면 그것은 1945년 해방에서 1948년 헌법 제정과 정부 수립 선포로 이어지는 대한민국 건국 과정이었다. 그것은 시민혁명의 전형으로 일컬어지는 영국혁명, 미국독립혁명, 프랑스혁명 그리고 사회주의 혁명인 러시아혁명에 비견될 만한 거대한 사건이었다."[41]

그래서 앞서 인용한 바 있는 이인호의 이 말도 반만 맞다. 대한민국 건국은 영국혁명, 미국독립혁명, 프랑스혁명과 같은 시민혁명의 반열에 속하지만 그것은 절반의 의미에서만 그렇다. 대한민국 건국에는 영국혁명, 미국독립혁명, 프랑스혁명에서 볼 수 있는 것과 같은 내부로부터, 아래로부터의 혁명과정이 없었다. 무엇보다도 근대

---

41 이인호, 114쪽

시민혁명으로서의 사회문화적 토대를 갖추지 못했다. 대한민국 혁명은 외부로부터, 위로부터의 혁명이었다. 그런 점에서 대한민국 혁명은 외형적으로 볼 때 분명 근대 시민혁명의 유형에 속하지만, 그러나 그 내적 측면에서 볼 때는 사회문화적 토대를 결여한 전근대의 지속인 것이었다. 이 점이 대한민국 혁명과 서구 시민혁명의 근본적인 차이점이다. 서구 시민혁명의 경우 종교개혁과 자유주의, 계몽주의 사상 등을 통해서 사회문화적 변화가 선행된 뒤에 그 위에서 시민혁명과 산업혁명이 전개되었다.[42]

물론 반만의 혁명도 대단한 것이다. 대한민국은 일찍이 한민족과 한반도에 존재한 적이 없는 자유주의 이념에 기반한 민주공화국이기 때문이다. 하지만 대한민국 혁명을 이해하기 위해서는 서구 시민혁명과의 공통점만이 아니라 그 차이점을 아는 것이 중요하다. 사회문화적 토대가 결여된 가운데 정치경제적 층위에서만 이루어진 혁명의 한계를 말이다. 대한민국 혁명의 성격은 결국 한국 근대의 성격을 그대로 반영한다. 사회문화적 근대화 없는 정치경제적 근대화, 그것이 바로 한국 근대의 성격이기 때문이다. 따라서 이러한 균열, 즉 정치경제 영역과 사회문화 영역의 깊은 균열과 분리를 직시하지 않는 한 대한민국의 실존에 대한 객관적 인식은 불가능하다.

문제는 이제까지의 모든 논의가 이러한 사실을 외면하거나 무시해왔다는 점이다. 대한민국의 사회문화적 전근대성을 외면하고 이

---

42 박지향, 『근대로의 길』, 세창출판사, 2017. 참조

를 정치경제적 근대성의 단순 종속요소 정도로만 이해해왔다. 정치경제적 근대성의 외형에 사회문화적 근대성의 내용이 자동적으로 따라 오거나 아니면 부차적인 것으로만 간주했다. 봉건 잔재니 봉건 유제(遺制)니 하는 표현들이 그렇다. 하지만 그렇지 않다. 한국 사회의 전근대성은 남겨진 찌꺼기(잔재) 정도가 아니라 엄연히 대한민국의 커다란 부분을 차지하고 있다. 깃털이 아니라 몸통인 것이다. 사회문화적 근대성은 정치경제적 근대성에 따라 자동발생하는 것도 동시발생하는 것도 아니다. 이 두 영역 사이에 흐르는 시간은 전혀 다르다. 그럼에도 불구하고 이는 동시적이다. 그래서 비동시적인 것의 동시성이라고 한다.

한 사회를 이루는 여러 영역들이 전혀 무관하게 움직일 것이라고 생각하는 것은 상식적이지 않겠지만, 한 사회를 이루는 여러 영역들이 하나가 되어 유기적으로 움직일 것이라는 전제도 알고 보면 그리 과학적이지 않다. 대한민국은 사회를 이루는 여러 영역들이 완전히 따로 움직일 수도 있다는 것을 보여주는 구체적인 실증사례이기 때문이다. 대한민국 역사에 대한 진정한 일식현상은 바로 이처럼 정치경제적 근대성의 외형에 가려져 사회문화적 전근대성의 현실에 눈이 멀어버리는 것이 아닐까.

근대 국민국가 대한민국은 헌법에는 있지만 한국인의 머릿속에는 없다. 한국인의 몸은 대한민국이지만 영혼은 조선이다. 기표(記標)는 대한민국이지만 기의(記意)는 조선인 것이다. 그것을 잘 보여주는 것이 바로 대한민국의 각종 상징 도상들이다. 한국인의 의식을 지배하는 대한민국의 정체성은 헌법에 있는 것이 아니라 도상들에 있는 것이기 때문이다. 물론 헌법의 실정성을 부정할 수는 없다. 어쨌든 대한민국의 현실을 외형적으로 볼 때 자유민주주의 체제가 작동하고 있기 때문이다. 그럼에도 불구하고 그 외형의 내면은 여전히 사회문화적 전근대성에 의해 지배되고 있고, 대한민국 자유민주주의 체제의 가능과 한계를 궁극적으로 결정짓는 것은 바로 그러한 내면인 것이다. 김일영은 한국 국민의 정체성 형성 과정의 특수성을 이렇게 지적한다.

"근대 국민국가(modern nation-state)의 발전과정은 국가 형성(state-building), 국민 형성(nation-building), 정치적 참여의 증진(participation), 분배의 개선(distribution)이라는 네 단계를 거친다. 이러한 구분은 역사적이라기보다는 분석적이다. 따라서 각 단계의 순서는 국가에 따라 달리 나타날 수 있다.

한국에서는 이 네 가지 과정 중 앞의 세 가지가 동시에 소여(所與)되면서 국민국가가 형성되었다. 1948년 정부가 수립되면서 적어도 법적으로나 제도적으로는 영토와 주권을 지닌 국가가 형성되었고, 참정권을 지닌 국민이 탄생했기 때문이다. 곧이어 터진 전쟁을 통해 주권이 위협받고 영토가 재조정되며, 국민들이 헌법상 부여된 참정권을 실질적으로 누리기 위해서는 상당한 시간이 소요되었기 때문이다. 이 점에서 한국에서의 국민국가 형성 과정도 지난(至難)한 시간을 필요로 한다고 볼 수 있다.

이 중 특히 어려운 것은 사람들에게 '한국' 국민으로서의 의식을 갖게 만드는 일이었다. 정부 수립 이후 38선 이남에 살고 있던 사람들은 대한민국 국민으로 편입되었다. 그러나 의식 속에서 그들은 '한국' 국민이라기보다는 남북한의 구분이 없는 '조선인'으로서의 정체성을 지니고 있었다. 다시 말해 '한국' 국민으로서의 정체성(national identity)은 아직 형성되어 있지 못했다."[43] 그리고 김일영은 이러한 "국민적 정체성은 구성원들이 국가의 여러 상징, 즉 언어와 역사, 신화, 제도 등을 함께 내면화함으로써 형성된다."[44]라고 말한다.

역시 문제는 김일영이 말하는 국가의 여러 상징, 언어와 역사, 신화 등에 대한민국의 국민 정체성이 반영되어 있는가 하는 것이다. 이제까지 누누이 지적한 것처럼 조선의 이미지로 커버되어 있는 그것은 대한민국의 헌법적 정체성이 아니라 종족적 정체성, 즉 한민족이라는 귀속의식을 반영한다. 그것이 반영하는 것은 바로 '종족적 민족주의'와 '정치적 낭만주의'[45]로서 근대 국민국가의 토대가 되는 '시민적 민족주의'의 형성에 장애물이 된다. 노재봉은 이렇게

---

43 김일영, 170쪽

44 김일영, 170쪽

45 종족적 민족주의와 정치적 낭만주의는 영국과 프랑스 같은 선진국가가 시민 중심의 근대국가를 발전시킨 것과는 달리, 근대 시민사회가 발달하지 못한 독일과 일본 같은 후발 근대국가에서 전근대적인 종족을 국민국가 건설의 자원으로 삼은 것에서 말미암는다. 한국은 바로 이러한 계열에 속한다.

지적한다.

"오늘날 한국인의 정치사상 혹은 정치적 사고방식에서 가장 두드
러지게 나타나는 특징을 꼽으라면, 무엇보다도 종족적 민족주의와
정치적 낭만주의를 들지 않을 수 없다. 이것이야말로 오늘날 한국
민주주의가 파행을 겪고 위기에 처하게 된 가장 큰 요인이라고 해
도 과언이 아니다."[46]

덧붙여 이렇게 말한다.

"이러한 종족적, 저항적 민족주의는 다음과 같은 특성을 나타내
보였다. 첫째, 고대로부터 민족이 존재해 왔다는 반만년 단일민족
의 신화이다. 근대국가 및 근대 체제는 우리에게는 없었던 것이며
외부로부터 수입된 것으로서 이를 통해 근대적 민족(국민)을 만드는
것이다. 그런데 종족적 민족주의는 오직 종족적, 문화적 민족에 근
거해서 정치 공동체, 정치 질서를 수립, 가동시킬 수 있다고 보고 있
는 것이다. 나아가 근대적인 것, 근대 국민국가와 자유민주 정치 체
제, 자본주의 경제 체제 등 모든 근대적인 것을 '외래적인', '서양적
인 것'으로 배척, 부정하는 것이다. 분단의 안타까운 현실 앞에서 민
족(종족)적 단일성을 강조하려는 의도는 충분히 이해되지만, '영원한
혈통의 바다'만이 지고의 진리이자 정치적 정당성의 근거여야 한다

---

46   노재봉 외, 『한국 자유민주주의와 그 적들』, 257쪽

는 것은 정치신학에 불과한 것이라고 하지 않을 수 없다."[47]

오늘날 대한민국을 이루는 성분은 크게 두 가지이다. 하나는 역사적으로 뿌리내린 종족적·문화적 민족주의이고 다른 하나는 서구로부터 들어온 자유민주주의이다. 하지만 이중에서 외형은 자유민주주의(정치적 민주주의와 경제적 자본주의의 결합체)지만, 내면은 강력한 종족적·문화적 민족주의가 자리 잡고 있다. 대한민국은 이 둘의 이종모순결합으로 이루어져 있는 것이다. 그런 가운데 정치경제적 근대성(자유민주주의)과 사회문화적 전근대성(종족적·문화적 민족주의)이 충돌하고 있다.

이것이 바로 헌법 대한민국은 시민공동체(civil community)를 준거로 삼고 있는데 반해 도상 대한민국은 종족공동체(ethnic community)를 토대로 삼고 있는 이유이다. 이렇게 대한민국의 실재는 둘로 갈라져 있고 이 두 개의 대한민국은 대립한다. 역사적으로 볼 때 대체로 전자는 외부적인 것이고 후자는 내부적인 것이다. 한국사는 언제나 이러한 외부와 내부의 문명충돌을 어떻게 조화시키는가에 따라서 흥하기도 하고 망하기도 했다. 그런 점에서 이는 가히 민족사적이면서도 문명사적인 과제가 아닐 수 없다. 이 둘이 잘 조화와 균형을 이루는 것이 중요한데, 지금 대한민국은 아직 이 문제를 해결하지 못하고 있다. 오히려 민주화 이후 좌파가 헤게모니를 잡으면서 종

---

47   노재봉 외, 『한국 자유민주주의와 그 적들』, 268쪽

족적 민족주의는 더욱 강화되고 있다.[48]

한국 사회는 게마인샤프트(Gemeinschaft, 종족공동체)를 넘어서 게젤샤프트(Gesellschaft, 시민공동체)로 나아가야 한다. 게마인샤프트는 종족이라는 1차적인 관계가 모든 것을 지배하는 사회이다. 그에 반해 게젤샤프트는 종족으로부터 자유로운 2차적인 관계가 폭넓게 자리 잡은 사회이다. 1차적 사회는 친밀성(intimacy)에 기반한다. 하지만 2차적 사회는 자유와 평등 그리고 계약(contract)에 기반한다. 자유민주주의는 후자 위에서만 가능하다. 하지만 한국 사회처럼 1차적 사회로부터 2차적 사회로의 분화가 이루어지지 않은 사회에서는 모든 사회적 관계가 1차적인 것으로 환원된다. 이런 사회의 민주주의는 매우 취약할 수밖에 없다. 그 결과 사적 이해관심과 온정주의가 사회를 지배하고 부정부패가 만연하게 된다. 이것이 바로 전근대 사회의 모습인 것이다.

그런 점에서 대한민국의 국가 상징들이 모두 1차적 사회, 즉 종족주의에 기반 해 있는 것은 결코 우연이 아니다. 그래서 화폐와 광화문광장이 전부 조선인으로 채워져 있어도 아무런 위화감을 느끼지 못하는 것이다. 이처럼 종족주의적 관념이 지배하게 되면 역사와 전통으로부터 자유로운 근대인으로서의 공화국 시민이라는 의식이 생겨나기 어렵다. 공화국 시민은 그들의 조상이 누구인지와 상관없이 모두 자유롭고 평등한 개인이어야 한다. 1차적 사회로부터 자유로워지지 않으면 근대국가는 제대로 형성될 수 없다. 근대사회의

---

48 한국 좌파의 성격이 수구 종족주의임은 앞서 밝힌 바 있다.

원리는 분화이기 때문이다. 1차적 사회로부터 자유로워지는 만큼 자유의 공간은 커진다.

"근대적 사회관계의 힘은 혈연, 지연 등의 1차적 인간관계에 묶이지 않는 데 있다. 직접적인 교유를 하지 않으면서도 법과 사회적 규칙의 공유를 통해 하나의 시민사회를 이루고 정치체를 이룬다. 그리하여 익명적 관계이면서도 직접적 소통의 전근대적 관계 구조보다 훨씬 대규모일 뿐 아니라 더욱 견고한 2차적 관계 구조를 만들어낸다. 그리고 이 같은 관계 구조는 전근대적 인간관계보다 건강한 관계를 만들어낸다."[49] 무엇보다도 "혈연민족주의(ethnic nationalism)적 원리는 공화국을 위협한다. '혈연민족'이라는 개념과 공화국은 양립할 수 없다. 혈연민족주의는 수천 년간 인류가 터득해온 정치적 원리로 시민들을 묶어내는 것이 아니라, 수많은 사람들은 마치 큰 '가족'처럼 생각해서 묶어내려고 하는 이념이다. 시민들의 정치 공동체에 사적인 가족의 원리를 적용하려는 이념이다."[50]

사실 한국의 민족주의는, 앞 장에서 지적했듯이 좌와 우를 가리지 않고 약해지기는커녕 오히려 더 강화되어 왔다. 우파의 민족주의가 통합과 동원을 위한 것이었다면 좌파의 민족주의는 인종주의적인 배타성을 근본으로 한다. 우파의 민족주의가 그마나 생산적인

---

49 이강호, 『다시 근대화를 생각한다』, 트루스포럼 출판부, 2023, 104쪽
50 함운경·김동규, 『공화주의 솔루션』, 글통, 2024. 52쪽

면이라도 있다면 좌파의 민족주의는 파괴적이기만 할 뿐이다.

"문제는 민족 혹은 민족주의가 오도되었을 때 나타나는 폐해와 부작용입니다. 여기에는 여러 요인이 있겠습니다만, 무엇보다도 '유구한 역사와 전통'을 갖고 '굳세게도 살아온' 우리 민족과, '근대 국민국가의 주권자로서의 국민(민족)이라는 개념이 혼동을 불러오고 있기 때문이 아닌가 생각됩니다.

다시 말해서 민족을 근대국가의 유일한 전제요 원리, 혹은 필요 충분조건으로 간주하면서, 다른 모든 원리는 부차적이고 주변적인 것으로 간주하는 사고가 범람하고 있다는 것입니다. 그리하여 '민족'이 '체제'를 압도하고 나아가 대체할 수 있다는 생각마저 만연해 있는 것입니다.

문제는 이러한 민족지상주의적 사고에는 근대성의 문제를 중심으로 하는 세계사적, 문명사적 흐름에 관한 시각이 누락되어 있고, 따라서 근대 자유민주주의 국가의 체제 원리가 왜곡되고 심지어 무시되는 결과가 초래된다는 점입니다. 이렇게 민족의 이름하에 전통 사회와 근대사회의 결정적인 차이점을 경시, 간과함에 따라서 오늘날의 우리가 당면한 국가적 과제를 설정하고 추진하는 과정에서 극심한 갈등이 빚어지고 있는 것이 아닌가 생각됩니다. 따라서 민족이라는 것을 어떻게 보아야 하는지 그 정확한 개념부터 명확히 할 필요가 있을 것입니다."[51]

대한민국의 구조적 모순이 이러하다면, 이제 더 이상 과거의 사회구성체 논쟁 같은 것으로는 한국 사회를 설명할 수는 없다. 신식민지국가독점자본주의니 식민지반봉건이니 하는 언설로는 한국 사회를 이해할 수 없다는 말이다. 한국 사회에 대한 진정한 이해는 정치경제적 근대성과 사회문화적 전근대성의 이종모순결합이라는 현실을 직시하고 이를 학문적으로 의제화할 때만이 가능하다. 한국 사회의 성격을 정치경제적 실재에서만 찾는 것은 마치 밤길을 가다가 어둠 속에서 잃어버린 물건을 가로등 아래에서 찾는 것과 마찬가지이다. 이제는 한국 사회의 전근대성에 조명을 비춰야 한다. 정치경제적 근대성이라는 공식적인 영역만이 아니라 사회문화적 전근대성이라는 비공식적인 영역에 대한 탐사 없이는 한국 근대의 이중성을 밝혀낼 수 없다. 새로운 한국 사회 성격 논쟁이 필요한 이유이다.

근대혁명으로서의 대한민국 혁명의 미래

대한민국은 한민족 근대문명의 최초의 국가도 아니고 최후의 국가도 아닐 것이다. 우리는 대한민국 역사를 한민족의 근대문명화 과정이라는 관점에서 객관적으로 볼 필요가 있다. 그런 역사적 시

---

51 노재봉 외, 『정치학적 대화』, 201~202쪽

간에서만 대한민국 국가의 실체와 성격이 제대로 포착될 수 있기 때문이다. 그러니까 대한민국 체제는 한민족의 근대문명화 과정에서 전근대로부터 물려받은 유전형질과 근대적으로 수용한 획득형질을 한 몸에 지니고 있는 이종모순결합체인 것이다. 이 이질적이고 모순된 결합이 대한민국이라는 국가의 형질을 이루고 있다. 대한민국의 정치경제적 근대성을 대표하는 것이 헌법이라는 텍스트라면, 대한민국의 사회문화적 전근대성을 재현하면서 재생산하는 것은 조선의 이미지로 커버된 도상들인 것이다. 이중에서 어떤 것만이 대한민국이고 어떤 것은 아니라고 말할 수 없다. 왜냐하면 둘 다 대한민국이기 때문이다. 대한민국은 두 얼굴을 가지고 있다. 헌법과 도상.

이러한 정치경제적 근대성과 사회문화적 전근대성의 결합은 대한민국 체제의 근본모순이자 불안정의 요인이다. 이런 가운데 양자는 상호결정력을 행사하고자 한다. 정치경제적 근대성은 자신에게 맞는 사회문화적 근대성(개인주의와 합리주의)을 요구하며 사회문화적 전근대성 역시 자신에게 맞는 전근대적 체제(전체주의)를 욕망한다. 이러한 모순을 어떻게 지양(止揚)하는가에 따라서 대한민국의 운명은 결정될 것이다. 정치경제적 근대성에 걸맞은 사회문화적 근대성을 획득할 수 있다면 대한민국은 오래 지속될 것이다. 하지만 그렇지 못하고 사회문화적 전근대성이 정치경제적 근대성을 침몰시킨다면 대한민국의 운명은 오래 가지 못할 것이다. 비서구 국가들 중에서 정치경제적 근대성을 성취한 국가는 그리 많지 않다. 그런 점에서 대한민국은 위대한 국가가 맞다. 하지만 그 이상은 아니다. 사회문화적 근대성 없는 정치경제적 근대성의 획득, 대한민국의 성취는 바로 여기까지이다. 이것이 대한민국의 한계이며 대한민국의 미래를 결정할 선험적 조건이다.

문제는 이러한 구조적 모순이 쉽게 극복되기 어려워 보인다는 점이다. 그러한 과제는 대한민국 내에서 해결되지 못하고 다음 국가로 넘겨질지도 모른다. 조선이 한국 중세문명의 유일 국가가 아니듯이, 대한민국도 한국 근대문명의 유일 국가가 아닐 것이기 때문이다. 한국의 근대는 식민지 조선과 대한민국, 그리고 그다음 국가들로 계속 이어질 것이다. 대한민국 다음 국가가 무엇이 될지, 그리고 한국의 근대에 배치될 국가가 얼마나 될지 현재로는 점칠 수 없지만, 적어도 그것들의 연쇄가 근대혁명으로서의 문명전환, 문명혁명의 역사를 이룰 것은 분명하다. 대한민국은 다만 그 도정(道程)의 어느 지점에 위치할 뿐이다. 따라서 우리는 한국 근대사를 한국인이 서구 근대문명을 수용하는 과정에서 이어지는 일련의 연속된 혁명과정으로 이해할 필요가 있다. 식민지 조선이 경제 영역에서 근대혁명을 이뤘다면 대한민국은 정치경제 영역에서 근대혁명을 이룬 국가이다. 대한민국이 이루지 못한 사회문화 영역의 근대혁명은 다음 국가의 몫으로 넘겨질 것이다. 그런 점에서 대한민국 혁명은 한국 근대혁명의 한 과정인 것이다. 근대 자체가 혁명이며 한국의 근대화는 '장구한 혁명(long revolution)'일 것이다.

  "우리는 역사에서 민족의 이동, 정복, 이민, 선교 또는 그 밖의 국
가와 제국의 팽창 등과 같은 것들을 계기로 해서 민족과 문화가 조
우하고 대결하게 되는 경우를 보아왔다. 이를 통해서 이전보다 큰
문화와 문명의 단위체들이 탄생하기도 하지만, 다른 것들은 소집단
속에서 겨우 명맥을 유지하는 경유가 많다. 다른 말로 문화들은 항
상 혼합되어 왔다. 이 과정 속에서 어떤 문화들은 구축되고, 어떤 것
은 다른 문화들에 의해 압도되어 해체과정을 밟게 된다. 인류 역사
는 국가들뿐만 아니라 민족들, 언어들 및 문화들이 몰락하여 사라
져 가는 형장이라고 말할 수 있다."[52]

  한국의 근대화가 완성되기 전에는 '수구와 개화'라는 문명선택의
원초적 균열은 완전히 봉합될 수 없다. 근대화의 수준이 높아질수
록 개화는 증대되고 수구는 최소화되겠지만, 완전히 사라지지는 않
을 것이다. 이러한 균열은 한국 사회와 역사 속에서 무엇을 선택할
것인가 하는 문제로 그 형태를 달리하며 반복되어 나타날 것이다.
그것은 어떤 때는 위정척사냐 동도서기냐 하는 근대화 전략 선택으
로, 어떤 때는 내재적 발전론이냐 식민지 근대화론이냐 하는 사관
(史觀)의 선택으로, 어떤 때는 자유민주주의냐 민중민주주의라는 체
제 선택으로 나타난다. 이것은 근대라는 문명선택의 문제가 내적으

---

52 차성환, 102~103쪽

로 반복되어 나타나는 것일 뿐이며, 근대화가 완성되기 전까지는 문명선택도 결코 완성될 수 없다.

"물론 우리는 한국 사회가 충분히 서구적-근대적인 사회라는 점을 부정할 수는 없다. 우리 사회는 기술적이고 제도적인 측면에서 서구의 이른바 선진 사회들과 별반 다르지 않은 근대성을 갖고 있다고 해야 할 것이다. 우리 사회에 구현된 고도화된 시장 경제, 국민국가, 교육 시스템, 과학기술의 수준, 문화적 소비 양식 등은 서구 사회의 그것들에 대해 어떤 '가족 유사성'을 보여줌이 틀림없다. 그러나 우리의 근대성은 또한 서구와는 다른 고유한 양태와 삶의 문법을 갖고 있다고 해야 한다. 나는 우리 근대성의 이 고유성을 규정하는 두 가지 '문화적' 특질에 주목한다. 하나는 집단과 공동체의 가치를 강조하는 '개인의 부재'라는 특징이고 다른 하나는 서구에서보다 더 강한 물신숭배 같은 것을 낳은 '현세적 물질주의'라는 경향이다. 두 특질은 상호보완적이고 상호침투적인데, 내 생각에 이 둘 모두는 우리의 유교적 문화 전통이 그 도구화나 속화(俗化)와 함께 겪은 근대적 변형과 관련되어 있다."[53]

그런데 장은주는 한국 근대의 성격을 이렇게 진단하고 있음에도 불구하고 너무 쉽게 근대적 시민의 이상을 이야기한다.[54] 그러면서

---

53 장은주, 『유교적 근대성의 미래』, 한국학술정보, 2014. 29~30쪽
54 근대적 시민을 요청하는 언설은 많다. 하지만 여기에 어떻게 다가갈 수 있는지에 대한 구체적 언설은 드물다. 대부분은 원론적이고 선언적인 주장을 넘어서지 못한다. 장은

한국의 유교적 전통 안에서도 대안이 있을 수 있음을 넌지시 암시한다.

"…한편으로는 끈질긴 생명력으로 우리 민주주의의 발전을 가로막았던, 우리의 유교 전통도 특별한 방식으로 비판적으로 전유될 수 있다. 얼핏 많은 점에서 민주주의에 어울리지 않는 것처럼 보이는 여러 전통의 요소들은 단순히 외면한다고 극복되지는 않는다. 그 전통들은 우리의 불가피한 출발점이다. 그리고 전통은 사실 단순히 고루하지만도 않다. 무슨 '유교적 민주주의'는 기만이지만, 유교 또한 나름의 민주적 전통을 가지고 있다. 서구의 민주적 전통과 반드시 비견될 수는 없더라도, 우리가 제대로 찾아내고 발전적으로 재구성해낼 수만 있다면 우리의 민주주의를 더욱 풍부하고 튼실하게 만들어 주며 우리가 알고 있는 서구적 민주주의의 모델의 결점을 보완하거나 넘어설 수 있도록 도와줄 수도 있는 민주적 전통도 있을 수 있다."[55]

이는 이해하기 어려운 사고방식이다. 3부 1장에서 다룬 「유교와 연고」에서 유교적 연고가 한국의 자본주의 발전과정의 자원으로 동원되었다고 한 류석춘의 주장 역시 사실로서 인정할 수는 있지만, 과연 그것이 지속적으로 긍정적인 재료가 될 수 있을지에 대해서

주, 『시민교육이 희망이다』, 피어나, 2017.; 황경식, 『시민공동체를 향하여』, 민음사, 1997. 참조

55　장은주, 237~238쪽

회의적인 생각이 드는 것도 마찬가지이다. 혁명이 혁명과 반혁명으로 이루어져 있듯이 대한민국 근대화도 근대화와 반근대화로 이루어져 있다. 전자가 건국혁명과 산업혁명이라면 후자는 이른바 민주화 운동이 아닐까. 민중민주주의가 주류를 이룬 한국의 민주화 운동은 반대한민국과 반근대화의 성격을 동시에 가지고 있다고 말해야 하지 않을까.[56]

혁명은 일어났지만 혁명은 아니다? 역사는 전진과 후퇴를 반복한다. 그런데 지금 대한민국의 현실은 혁명이 일어났지만 그것을 혁명으로 의식하지 못하는 기이한 상황에 처해 있다. 분명 대한민국은 과거에 존재한 적이 없는 자유민주주의 혁명국가가 맞지만 한국인들은 대한민국을 혁명국가라고 생각하지 않는다. 왜냐하면 혁명기념일이라 할 수 있는 건국절을 둘러싼 논쟁이 지금도 끊임없이 이어지고 있기 때문이다.[57] 대신에 국기는 조선왕국의 것이고 화폐에는 조선인들뿐이다. 광화문광장의 이순신 동상을 옮기자고 하면 반역자로 몰아가는 나라다. 왜일까.

그 이유는 앞서 반복해서 지적한 것처럼 대한민국 혁명의 외재적 경로와 하향적 구조에서 기인한다. 그 결과 대한민국의 정치경제적 근대성이 사회문화적 전근대성으로 인해 제대로 인지되지 못하고

---

56 이희천, 『반대한민국 세력의 비밀이 드러나다』, 도서출판 대추나무, 2021. 참조

57 "신화의 나라 개국(開國)을 국가 경축일로 기념하면서 정작 대한민국 건국은 기념하지 않는 이상한 나라가 이 나라다. 우리 국민은 왕조시대와 식민지 시대를 경험했을 뿐 자유와 공화의 나라를 맞은 것은 대한민국이 민족사 중 처음이다. 그런 점에서 대한민국의 건국이 갖는 의의는 아무리 강조해도 지나칠 게 없다." 조남현, '건국은 외면한 채 신화를 기념하는 나라', 〈매일산업뉴스〉, 2022. 10. 6.

있는 것이다. 한마디로 존재(민주공화국)와 의식(종족적 민족주의)이 일치하지 않는 것이다. 그러면 이제 대한민국 혁명을 사후적이고 추체험적인 방식으로라도 인식의 대상으로 삼기 위한 노력을 해야 하는 것일까.[58] 사회문화적 근대성의 핵심은 합리적 개인주의인데, 이는 한국 역사에서 전혀 찾아볼 수 없는 문명소(文明素)이다. 그만큼 합리적 개인주의에 기반 한 근대 사회 창출은 힘들다는 것이다. 하지만 합리적 개인주의에 기반 하지 않은 근대성 확보란 더욱 힘들 것이다.

물론 대한민국의 정치경제적 실재성을 가볍게 보아서도 안 되겠지만, 사회문화적 전근대성 또한 언제든지 정치경제적 근대성을 집어삼킬 정도 강력하다는 사실을 잊으면 안 될 것이다. 건국과 호국과 부국의 주역이었던 우파의 권위주의 통치에 대한 저항으로 일어난 민주화 운동이 반동화 된 것이 그러한 우려를 더해준다. 이승만과 박정희 같은 카리스마 있는 우파 지도자에 의해 정치경제적 근대화가 이루어졌지만, 그러한 과정에서 정치적 억압과 민주주의의 희생이 있었던 것은 사실이다. 그리고 이에 대한 저항으로 민주화 운동이 일어났다. 문제는 민주화 운동이 일정하게 한국 사회의 민주화를 가져온 것도 사실이지만, 그와 동시에, 그보다 더 중요한 것은 전근대성으로 회귀하는 반동성을 보여주었다는 사실이다. 그 이유는 한국의 좌파가 개화기의 수구파를 계승한 전근대성의 담지자

---

58 서구의 시민혁명은 종교개혁과 계몽주의 사상 혁명이 선행되었다. 하지만 한국이 서구와 동일한 경로를 밟을 수는 없기 때문에, 한국적 현실에 맞는 근대화의 방법과 경로를 모색해야 한다. 그것은 한국 근대화의 장애물로 작용하고 있는 집단주의 사상과 문화에 대한 비판과 해체를 통해서만 조금씩 다가갈 수 있을 것이다.

이기 때문이다. 이것이 바로 '건국-산업화-민주화'라는 도식을 문자 그대로 흔쾌히 받아들이지 못하도록 만든다. 포스트 권위주의로서의 민주화가 반동화 된다든지, 그 결과인 87년 체제가 지금까지 장기지속 되는 것이 말해주는 것은 무엇일까.[59]

우리는 민주화가 말 그대로 더 많은 민주주의와 함께 사회 전 영역에 걸쳐 근대화를 진전시켜줄 것을 기대했다. 하지만 지난 36년간의 민주화 경험이 보여주는 것은 놀랍게도 일정한 민주화(대통령직선, 사회 각 부문의 자유 증대)와 함께, 역시 그와 동시에 선악이분법에 기반 한 도덕정치와 거의 인종주의 수준으로 발전한 배타적 종족주의가 기승을 부리는 전근대로의 회귀라는 모순된 풍경이다. 한마디로 도상(圖像) 대한민국이 헌법 대한민국을 압도하는 지경인 것이다. 이는 결국 대한민국 70년의 역사가 우파 권위주의와 좌파 민중주의라는 양대 구도의 한계를 넘어서지 못한다는 것을 의미한다. 이 역시 한국 우파를 외재적 근대화 세력, 좌파를 전근대화 세력으로 보는 나의 인식을 뒷받침하는 것이다.

아무튼 현재로는 우리가 기대하는 산업화와 민주화 이후의 선진화와 심층 근대화가 요원해 보인다. 나는 이것이 대한민국 근대성의 한계라고 본다. 이런 가운데 우파는 무기력하고 좌파는 반동적

---

59 나는 '포스트 87년 체제'에 대한 기대가 한국 사회의 전근대성에 대한 극복 없이는 쉽게 이루어지기 힘들 것이라고 본다. 그 이유는 87년 체제가 한국 현대사에서 우파의 권위주의와 좌파의 민중주의가 힘겨루기를 한 결과 도달한 하나의 균형점으로서 대한민국의 최정점이자 동시에 한계점이라고 판단하기 때문이다. 대한민국은 87년 체제를 뛰어넘는 정치경제적 기획을 할 사회문화적 동력을 가지고 있지 못하다. 이런 가운데 우파는 방향을 잃고 무기력해지며 좌파는 포퓰리즘의 함정 속으로 뛰어드는 암울한 상황인 것이다. 김대호, 『7공화국이 온다』, 타임라인, 2020.; 김대호, 『왜 7공화국인가』, 타임라인, 2020. 참조

으로 된다. 왜냐하면 정치경제적 근대성을 재생산할 수 있는 사회문화적 근대성이 부재하기 때문이다. 이럴 경우 대한민국은 정치적 자유와 경제적 풍요를 누리는 한편으로 사회적 억압과 문화적 황폐라는 질곡으로부터 벗어날 수 없다. 오늘날 한국인이 겪는 고통의 많은 부분은 정치적 억압이나 경제적 빈곤 때문이라기보다는 전근대적인 사회적 관계와 문화적 비합리주의의 압력 때문이라고 생각한다. 오늘날 한국인을 억압하는 것은 정치와 경제가 아니라 사회와 문화이기 때문이다.

이러한 현실은 사회문화적 근대성이 따라주지 않을 경우, 대한민국이 어렵사리 이룩한 정치경제적 근대성마저 붕괴될 수 있음을 말해준다. 우리는 최대한 대한민국의 지속을 위해서도, 그리고 대한민국의 극복(?)을 위해서도 주어진(?) 시간 내에서 사회문화적 근대성을 틔워내기 위해 노력해야 한다. 그것은 정념에 사로잡힌 맹목적 집단주의를 극복하고 합리적 개인주의를 뿌리내리게 하는 것이다. 그러기 위해서는 집단주의를 강력하게 재생산하는 장치들에 대한 비판적 해체 작업이 필요하다. 종족주의의 압력과 맹목적 전통숭배가 만들어내는 집단주의의 위험을 깨달아야 한다. 도상 대한민국을 개벽해야 하는 것이다. 과연 역사가 언제까지 기다려 줄지는 알 수 없지만 말이다.

한국의 중세가 고조선 멸망으로부터 조선 멸망까지 대략 2천 년간이라면 한국의 근대도 적어도 몇백 년에서 몇천 년간 이어질 것이다. 대한민국을 문명사적 관점에서 본다는 것은 이러한 시간적

감각을 갖는 것을 의미한다. 현재를 과거로부터 되돌아보는 것도 역사지만 현재를 미래로부터 되비쳐보는 것도 역사이다. 대한민국을 한민족의 문명사 속에서 보아야 하는 이유이다. 대한민국 혁명은 근대혁명이라는 문명혁명의 일부이기 때문이다.

▶ 대통령 문장

◀ 광화문광장의 세종 동상
(서울시 자료)

광화문광장의 이순신 동상 ▶
(서울시 자료)

프랑스의 국가 상징과 주요 도상

◀ 삼색기

▶ 공화국 엠블럼

Liberté • Égalité • Fraternité

RÉPUBLIQUE FRANÇAISE

◀ 2024 파리올림픽 엠블럼
속의 마리안느

▶ 공화국의 신전 팡테옹

◀ 외젠 들라크루아, <민중
을 이끄는 자유의 여신>,
1830년(부분)

▶ 오노레 도미에, <공화국>,
1848년

국가, 이미지, 디자인[01]

국가 이미지를 디자인한다는 것

국가 이미지를 디자인한다고 한다. 국가 이미지를 디자인한다는 것은 무엇일까. 국가 이미지를 디자인할 수 있는가. 국가 이미지는 국가의 실재와 어떤 관계가 있는가. 국가의 이미지는 국가의 실재와 무관하게 존재하고 만들어낼 수 있는가. 과연, 국가와 이미지와 디자인은 어떤 관계에 있을까.

1998년 한국디자인진흥원에서 추진하는 디자인기반기술개발사업 과제의 하나로 「한국의 국가 이미지 시각화 시스템 연구」라는 것이 진행되었다.[02] 이 연구는 제목 그대로 한국의 국가 이미지를 시각화하는 시스템을 만들어내기 위한 것이었다. 무엇보다도 이러한 연구가 가능하기 위해서는 한국의 국가 이미지가 무엇인지 결정하고, 그것을 시각화하고 나아가 시스템화할 수 있어야 한다. 그러면 이 연구는 이것을 어떻게 실현하고 있는가. 이를 논하기 위해서 먼저 이 연구 보고서의 목차를 그대로 옮겨보면 다음과 같다.

---

01 이 글은 이정혜 엮음, 『정치 디자인, 디자인의 정치』(청어람 미디어, 2006년, 168~177쪽)에 실린 것을 수정한 것이다. 이 글은 국가 이미지 디자인을 태극기 응용 디자인 수준으로 이해하는 것을 비판하기 위해서 참고용으로 실었다.

02 이 연구는 한국시각정보디자인협회(VIDAK)가 주관하였고 책임연구자는 그래픽 디자이너 조종현(더그래픽스 대표)이었으며 연구비는 1억이었다.

「한국의 국가 이미지 시각화 시스템 연구」

1. 사업의 총론
   ○ 개발의 필요성
      - 서론
      - 국가 이미지 정립의 필요성
      - 국내외 관련 기술의 현황
      - 기술 개발시 예상되는 경제성
      - 기술 개발시 예상되는 활용성
      - 개발의 최종목표

2. 국가 상징 이미지 선정 배경
   ○ 한국의 이미지 선정 배경
      - 서론
      - 전략적 측면에서의 태극
      - 국가 상징물 중 절대적 가치의 태극
      - 시대적 요구의 태극
      - 설문조사 내용분석

3. 태극기에 대한 연구
   ○ 태극기에 대하여
      - 태극기가 지닌 뜻
      - 태극기의 시각적 구성요소(태극, 4괘, 색)
      - 태극기의 활용사례
      - 관련자료

4. 외국사례 연구
   ○ 성조기 및 유니온잭에 관한 연구
      - 미국의 성조기
      - 영국의 유니온잭

- 외국 관련자료

5. 한국의 국가 이미지 시각화 시스템 개발 개요
  ○ 개발전략
    - 개발 개요
    - 디자인 컨셉
  ○ 표현전략
    - 비주얼 컨셉
    - 국가 상징물의 상징화 체계도

6. 한국의 국가 이미지 시각화 시스템 개발 매뉴얼
  ○ 3대 기본 요소 시스템
    - 태극
    - 태극 기본체계
    - 태극 응용체계
    - 4괘
    - 4괘 기본체계
    - 4괘 응용체계
    - 색동
    - 색동 기본체계
    - 색동 응용체계
  ○ 활용 시스템

재생자료

과연 이러한 것이 디자인기반기술개발 과제인지는 모르겠지만, 아무튼 목차를 통해서 이 연구가 한국-이미지-시각화-시스템을 어떻게 연결하고 있는지는 쉽게 파악된다. 한마디로 말해서 이 연구에서 한국의 국가 이미지는 곧 국기('태극기')로 설정된다. 이처럼 연구 대상을 별다른 논리적 의문 없이 바로 태극기로 연결시키고 있기 때문에, 이 연구는 사실상 태극기의 시각화에 대한 연구라고 볼 수 있다. 물론 국기는 국가의 공식적인 표상물이니 만치 그것이 국가를 대표하는 이미지가 아니라고는 할 수 없다. 그러나 실제 국가 이미지란 다양한 표상들의 복합체일 것이기 때문에 어떤 단일한 표상으로 환원될 수는 없을 것이다. 더구나 국가 이미지를 바로 국기와 동일시하는 것은, 한 마디로 이 연구가 국가주의적 무의식으로부터 자유롭지 못함을 증명한다.

과연 국기가 상징하는 국가 이미지가 무엇인지, 그리고 특히 대한민국의 경우 태극기라는 것이 어떤 의미를 갖는지는 좀 더 따져 봐야겠지만, 일단 국기가 국가라는 정치적 공동체의 표상이라는 점을 말해두고 싶다. 그런 점에서 국기는 국가를 대표하는 상징물로서 디자인된 것이다. 비록 국기가 어떤 과정을 거쳐서 만들어졌던 간에 국기란 이미 국가를 상징하도록 디자인되었기 때문이다. 그러므로 국가 이미지를 국기로 하여금 대표하게 하고 그것을 다시 시각화하기 위한 시스템을 연구했다는 것은, 말하자면 국기 디자인에 대한 응용 디자인 또는 국기 디자인을 다시 해석하는 메타 디자인이라고 할 수 있다.

사실 이러한 방식은 통상 디자이너들이 국가 이미지를 디자인한다고 할 때 가장 흔하게 사용하는 것이며, 그럴 때 국기란 일종의 그래픽적인 클리셰(상투형)에 지나지 않는다. 물론 국기라는 것이 우선은 정치적 표현물이지만 실제의 국민 생활 속에서 다양한 문화적 의미를 획득할 수는 있다. 이를테면 미국 성조기가 그려진 팬시 제품이라든지 영국의 펑크족들이 유니온잭 패턴의 바지를 입고 다니는 것들이 그러하다. 이러한 것은 모두 그 사회의 주류 또는 하위문화집단들에 의해 정치적 표현물이 문화적인 것으로 전유됨을 의미한다.[03]

위의 연구에서도 아니나 다를까 이러한 사례가 준거로 제시되고 있다. 그러나 무엇보다도 징후적인 문제는, 국기라는 정치적 표현물을 서슴없이 국가 이미지의 대표물로 설정해버린 것이며, 그리고 이러한 작업이 제도적인 디자이너에 의해 무의식적으로 수행되었다는 점이다. 국가 이미지를 디자인하는 것이 어떻게 국기를 디자인하는 것과 동일시될 수 있는가 하는 것은 한국 디자이너 집단의 정치적 무의식과 관련하여 생각해보아야 할 문제이겠지만 말이다.

국가 이미지 디자인과 디자인의 국가 이미지

국가 디자인을 국기 디자인과 동일시한 경우는 그저 하나의 에피소드로 치부해버리기로 하자. 그러면 국가 이미지 디자인과 관련하여 생각해볼 수 있는 다른 방향으로는 무엇이 있을까. 여러 방향이 있겠지만, 이번에는 국가가 아니라 정반대로 디자인에서부터 출

---

03 약간 특이한 것으로 백인우월주의자들이나 오토바이 갱단들이 나치 표장을 상징물로 사용하는 경우도 여기에 해당된다. 스티븐 헬러, '나치 표장의 매혹', 스티븐 헬러·마리 피나모어 엮음, 장미경 옮김, 『디자이너의 문화 읽기』, 시지락, 2004. 참조

발해보면 어떨까. 그럴 때 그것은 디자인의 국가적 이미지의 문제로 나타날 것이다. 물론 국가 이미지 디자인과 디자인의 국가 이미지는 동일한 것이 아니다. 그러나 흔히 디자인의 국가 이미지는 국가 이미지 디자인에 매우 중요한 형성 기제가 된다. 어쩌면 디자인의 국가 이미지 역시 국가 이미지 디자인의 단순한 전도(顚倒)라고 볼 수도 있지만, 그러나 그것은 적어도 국기 디자인 차원보다는 훨씬 더 현실성의 수준이 높은 것이라고 할 수 있겠다. 그리고 이것은 적어도 국기라는 정치적 표현물을 국기 디자인이라는 도안적 수준으로 단순화시킨 것에 비하면, 디자인 문제에 훨씬 더 정치적 차원이 개입된 것이라고 말할 수 있다.

디자인의 국가 이미지는 기본적으로 정치적이다. 왜냐하면 그것은 근대 세계의 정치적 질서를 바탕으로 하고 있기 때문이다. 근대의 세계 질서는 국민국가를 기본 단위로 하며, 국가들 간의 수평적 독립성을 기본 원리로 삼고 있다. 그러므로 근대 세계 질서는 형식적으로는 근대 민주주의처럼 어떠한 특권적 국가도 인정하지 않는다. 그러나 이러한 질서의 현실은 결코 독립적이지도 평등하지도 않으며 사실상 소수의 선진국만이 차별화된 독립성과 지배력을 누린다. 근대 세계를 실질적으로 지배하는 것은 이러한 불평등 관계이다. 이는 정치적으로만이 아니라 문화적으로도 마찬가지이다. 따라서 근대 세계에서 각 국민국가의 이미지는 매우 불평등하며 그런 만큼 정치적이다.

그러므로 모든 국민국가가 독립적이고 차별화된 이미지를, 그리고 그것을 표현하는 스타일을 가질 수 있거나 또는 가져야 한다는 것은 근대 세계의 이데올로기이다. 근대 국민국가들은 정치적으로나 문화적으로 평등하지 않으며 그런 만큼 동등한 이미지를 가질 수 없다. 사실 오늘날 국가 단위의 차별화된 디자인 정체성을 이야기할 수 있는 나라는 서구를 중심으로 한 몇몇 나라에 지나지 않는다. 이를테면 독일, 프랑스, 이탈리아, 영국, 스칸디나비아 제국, 일본, 미국 정도일 것이다.

비록 도식화된 것이기는 하지만, 독일의 차갑고 합리적인 기능주의, 프랑스의 고급스럽고 우아한 장식미술, 이탈리아의 세련되고 감각적인 모던과 포스트모던 스타일, 영국의 전통적인 스타일 또는 정반대로 하위문화적인 팝 디자인, 스칸디나비아 제국의 인간적이고 우아한 스칸디나비안 모던, 일본의 전통적인 자포니즘 또는 현대적인 재패니즈 모던, 미국의 아메리칸 스타일 등 이들 국가들은 모두 그들의 정체성을 대변할 수 있는 하나 이상씩의 스타일을 가지고 있다. 이러한 선진국들의 디자인 정체성은 국제사회에서 그들 국가의 위신과 개성을 드높이는 역할을 하며, 그러한 정체성과 스타일이 반영된 제품들은 세계 시장에서 높은 경쟁력을 가짐으로써 경제적 가치로도 직결되고 있다.

그러나 그러한 선진국 반열에 들지 못하는 대부분의 제3세계 국가들은 근대적인 의미에서의 차별화된 디자인 정체성을 가지지 못하며, 기껏해야 그들의 디자인은 전통적인 민속예술의 연장선상에 있는 민속적 디자인(vernacular design)으로 간주될 뿐이다. 물론 여기에는 서구=근대 : 비서구=전근대라는 문명적 차별화의 구조가 심층에 작용하고 있다. 그리하여 서구의 근대적인 디자인만이 차별화된 정체성을 가진 현실적인 것으로 간주되며, 제3세계의 민속적 디자인은 공시적(共時的)인 차이의 구조 속으로 들어오지 못한 채 그저 인류학적 연구의 대상으로나 인식될 뿐이다.

이는 다시 말해서 서구의 근대 디자인만이 공시적인 구조를 가지며 제3세계의 민속적인 디자인은 근대 이전의 역사적인 것으로 치부됨을 의미한다. 이런 관점에서 볼 때 오늘날 세계의 공시적 구조 내에서 한국 디자인이란 존재하지 않는다. 한국 디자인이란 역사적 스타일의 일종일 뿐이며 현대적인 조형으로 받아들여지지 않기 때문이다. 사실 이는 우리 자신의 복고주의적 의식과 정확히 일치하는 것이다. 우리는 서구가 사고하는 것과 똑같은 방식으로 우리 자신을 사고하고 있다. 오리엔탈리즘인 것이다.[04]

물론 현대 한국 디자인의 과제는 제3세계적인 민속적 디자인을 넘어서 서구의 근대적인 디자인과 같은 위상에 도달하는 것이다. 그러나 서구의 근대 디자인과 비서구의 민속적 디자인이라는 이분법이 지배하는 세계에서 이를 뛰어넘기는 쉽지 않다. 현실은 이러한 전망을 쉽게 허용하지 않는다. 아니면 서구적이지도 비서구적이지도, 현대적이지도 민속적이지도 않으면서 차별화된 제3의 정체성

---

04 이른바 '한국적 디자인'에 대해서는 다음을 참조할 것. 최 범, '한국적 디자인 또는 복고주의 비판', 『한국 디자인을 보는 눈』, 안그라픽스, 2006.

이 가능할 것인가. 이는 또 다른 논의를 필요로 한다.

국가 이미지와 디자인의 이데올로기

사실 한국은 근대 국민국가로서의 이미지와 정체성이 매우 빈약하다. 때문에 한국적인 것이라고 내세우는 것들은 대부분 근대 이전의 역사적인 것들일 뿐 현대적인 것을 찾아보기 어렵다. 현재의 국민국가는 자신의 정체성을 확인할 대상을 현재 속에서 찾지 못한 채 계속 과거로 시선을 돌리는 까닭에 자신의 정체성을 만들어내는 데 실패하고 있는 것이다. 대체로 민족은 역사를 넘어 이어지는 본질적인 것으로 이해된다는 점에서 신화적인 성격을 갖는다. 그에 반해 국가는 훨씬 더 현실적이며 세속적인 성격을 띤다. 그런데 우리의 경우에는 신화적인 민족과 세속적인 국가가 혼동되고 나아가 민족적인 것이 국가적인 것을 대체하기에 이른다.

물론 근대 국민국가의 이데올로기라는 관점에서 보면 초월적인 민족문화라는 것도 일종의 문화적 신앙으로서 결국은 세속국가의 이념에 봉사하는 것이라고 말할 수 있다. 그럴 때 국민국가라는 주체는 한편으로는 민족문화라는 신앙을, 그리고 다른 한편으로는 세속국가로서의 현실적 이익을 추구하는 양면성을 드러낸다. 여기에서 민족문화는 일종의 슈퍼에고로서 현존하는 국민국가의 문화적 정체성의 경계를 설정하는 작용을 하는 것인지도 모른다. 예를 들어 일제 시대에 지어진 일식주택은 민족문화의 외부에 위치하는 것이기 때문에 계승과 보존의 대상이 되지 못한다. 그러나 1930년대 이후의 도시형 한옥에 스며든 정원과 복도 같은 일본식 구조는 별다른 거부감 없이 받아들여져 우리 문화의 내부로 편입되었다. 이것은 분명 문화적 정체성의 경계가 형태에 의해 분절됨을 보여주는 사례가 아닐 수 없다. 그렇다면 과연 태극기는 그 경계의 어느 편에서 있다고 해야 할까.[05]

하지만 국민국가 한국의 디자인에 대한 자기의식이 잘 드러나는 것은 문화적인 측면보다는 오히려 경제적인 측면이다. 한국 사회에서 디자인은 문화적 객관물이기보다는 주로 경제적인 상관물로서 이해된다. 근대 세계 질서의 견고한 구조로 인해 실현되기 어려운, 디자인을 통한 정체성의 추구라는 욕망의 프로젝트가 복고적이고 추상적인 성격을 띠는 민족적인 것에 의해 대체되는 한편으로, 세속국가는 그러한 좌절을 오로지 경제적인 것이라는 물질적인 이익의 추구를 통해 보상받으려고 한다.[06] 물론 정치적인 것과 경제적인 것은 분리되어 있지 않다. 오늘날 세속국가는 자본주의적 가치를

---

05 대부분의 한국 사람들은 태극기가 여느 나라의 국기들과 달리 심오한 의미를 담고 있다는 것을 매우 자랑스럽게 생각한다. 그러나 그것이 바로 태극기의 문제점이다. 태극기는 세속국가의 상징물로는 어울리지 않게 너무나도 심오한 의미를 표현하고 있기 때문이다. 중요한 것은 그것이 심오한가 아닌가가 아니라 과연 그것이 대한민국이라는 국민국가의 이념을 담고 있는 상징물로 적합한가 아닌가이다. 현대 세속국가의 국기는 철학적 도해물이 아니며 어디까지나 해당 국가의 정치적, 문화적 이념을 표현하는 것이어야 한다. 그것은 마치 헌법 제1조 1항처럼 누구나 보면 알 수 있는 공화적이면서도 민주적인 도상을 취해야 한다. 그러나 고대 동아시아 사상의 도해물인 태극기에서 우리는 세속국가 대한민국을 표현하는 어떠한 도상도 찾을 수 없다.

06 이는 디자인만이 아니라 한국적 발전의 기본 논리이다. 흔히 박정희식 모델이라고 불리는 이러한 방식은 정치·사회·문화적 실패를 오로지 경제적 성공을 통해 대체하려고 하는 것이다.

추구하는 국가이다. 그리고 자본주의적 관점에서 보면 국가의 이미지와 정체성이라는 것 역시 상위 브랜드의 일종에 지나지 않는다. '디자인 7대 선진국 진입'[07]이니 하는 참여정부의 디자인 정책 목표는, 디자인이 갖는 문화적 의미나 그 실현 가능성을 떠나 일단 디자인을 통해 세계 시장에서 상위 브랜드의 경쟁력을 획득하는 것이 최상의 국가적 지향임을 증명하고 있다. 이는 곧 정치가 선전으로, 그리고 문화가 경제로 치환되는 것이기도 하다.

정치에서 문화로?: 국가 이미지 전략의 변화

국가 이미지는 여러 차원에서 형성될 수 있다. 크게는 비가시적 차원과 가시적 차원이 있을 것이다. 비가시적 차원은 프랑스가 문화와 예술의 나라, 일본이 깨끗하고 예의 바른 나라로 의미화되는 경우 같은 것이다. 그러나 가시적 차원은 바로 그러한 비가시적인 이미지가 에펠탑이나 도시락같이 구체적인 형태로 드러나는 것이다. 이렇게 가시적 차원에서 가장 통합적인 형태로 표현된 것이 바로 스타일이라고 할 수 있다. 디자인은 바로 그러한 스타일을 만들어내는 구체적인 활동 또는 메커니즘이라고 할 수 있다. 결국 한 국가의 이미지는 스타일에 의존하게 마련이다. 그러므로 이미 존재하거나 아니면 새로운 이미지에 대응되는 스타일을 만들어내지 못하

---

07   산업자원부·한국디자인진흥원, 『참여정부 디자인산업 발전전략』, 2003.

면 차별화된 국가 이미지 또한 기대할 수가 없게 된다.

한국의 국가 이미지를 디자인한다는 것을 문화적으로 해석하면 결국 한국의 스타일을 만들어내는 것이다. 그러나 이제까지 한국은 국가적인 스타일을 만들어내지 못했다. 스타일의 국제연합에 한국이라는 가입국은 없다. 스타일의 세계에서 주권을 가지려면 한국적인 스타일을 만들어내야 한다. 물론 한국적인 스타일이란 여러모로 논점이 많은 주제이다. 이제까지의 복고적인 접근을 넘어서면서 어떻게 현대적인 스타일을 창출해 내는가는 어려운 문제가 아닐 수 없다. 그리고 과연 정치적 영역처럼 디자인과 스타일의 영역에서도 국민국가 단위의 차별화가 반드시 필요한가 하는 점도 근본적인 물음의 하나이다. 왜냐하면 국민국가라는 것이 기본적으로 정치적 개념인 데다, 정치적 영역과 문화적 영역이 반드시 일치하지는 않기 때문이다.

스타일의 관점에서 볼 때 우리 주변의 중국과 일본은 강국이다. 그들의 국가 브랜드 가치도 기본적으로는 스타일에서 나온다. 이미 18~19세기경 유럽에서는 중국풍을 뜻하는 '시누아즈리(Chinoiserie)'의 열풍이 있었고, 19세기 말에는 '자포니즘(Japonisme)'이라는 일본 취미의 대유행이 있었다. 최근 일본은 '네오재패니스크(Neo-Japanesque)'라는 새로운 개념을 내세우며 일본 스타일의 세계 제패를 다시 한번 노리고 있다.

이제 국가 이미지 전략에도 변화가 필요하다. 그것은 한마디로 말하면 '정치적인 것'으로부터 '문화적인 것'으로의 이행이라고 할 수 있다. 따라서 기존의 국가 이미지 전략이 주로 정치적인 것에 집중되었다면 이제는 문화적인 것으로 방향 전환이 되어야 한다. 국가 이미지 전략에서도 '문화적 전환(cultural turn)'이 요구되는 것이다. 사실 국가란 정치 공동체만이 아니라 문화 공동체이기도 하다. 그런 점에서 이제 국가 이미지 디자인을 국기 응용 디자인 정도로 이해하는 수준은 한참 넘어서야 한다. 무엇보다도 그것은 하나의 정치적 또는 문화적 공동체로서 국가의 이미지와 정체성을 어떻게 만들어낼 수 있는가 하는 문제의식의 차원에서 이루어져야 한다.

대한민국의 성공과 실패

개항 150년, 건국 75년을 바라보거나 지나고 있는 대한민국의 역사는 성공일까 실패일까. 보는 관점에 따라서 다를 것이다. 『해방전후사의 인식』(송건호 외)이나 『다시 쓰는 한국 현대사』(박세길) 같은 책이 대한민국을 '태어나지 말았어야 할 나라'나 '친일파가 세운 나라'라는 식의 실패한 역사로 보는 반면에 『대한민국 이야기』(이영훈)나 『K-민국』(이상도) 같은 책은 대한민국을 성공한 국가라고 평가한다. 이를 각기 실패사관과 성공사관이라고 부를 수 있을 것이다. 대체로 전자는 좌파, 후자는 우파의 시각이다.

나는 어느 편일까. 일단은 성공사관편이다. 하지만 그리 간단하지는 않다. 정확하게 말하면 '비관적 낙관주의' 내지는 '낙관적 비관주의'라고 할 수 있다. 이것은 말장난이 아니다. 나는 일단 지난 75년의 대한민국 역사가 성공한 역사라고 본다. 다만 이것이 지속 가능할지에 대해서 매우 진지하게 회의적이다. 그 이유는 대한민국의 성공이 바로 실패 위에 둥둥 떠 있기 때문이다.

나는 이 책에서 대한민국을 전근대성과 근대성이라는 이중적인 패러다임으로 보고자 했다. 나는 대한민국이 근대와 탈근대 사이가 아니라 전근대와 근대 사이에 있다고 본다. 일국사를 넘어서 문명사적 관점으로 보았을 때, 대한민국은 전근대에서 근대로 이행하는 한민족의 대역사(大歷史)의 도정(道程)에 있는 국가이다. 대한민국은 조선의 멸망 이후 중세문명을 벗어나 근대문명으로의 항행 중인 국가라는 것이다. 고작(?) 개항 150년이고 그중에서도 절반만이 대한민국의 역사에 속한다. 대한민국은 전근대문명을 떠난 지는 오래되지 않고 근대문명에 도달하기에는 아직 멀다는 것이 내가 보는 대한민국의 문명사적 위치이다.

『해방전후사의 인식』 이후 지난 50년간은 대한민국 실패사관이 지배한 시간이었다. 그에 대한 반격으로 대한민국 성공사관이 등장한 것은 그리 오래되지 않는다. 아무튼 지금은 대한민국 실패사관과 성공사관이 한판승부를 겨루는 흥미진진한(?) 시대이다. 건국 이후 처음 있는 상황이다. 물론 이것은 단지 구경거리로 삼을 일이 아니다.

나의 대한민국관이 비관적 낙관주의 내지는 낙관적 비관주의라고 한 것은 대한민국의 성공이 실패에 포위되어 있다고 보기 때문이다. 내가 보기에 좌파의 실패사관은 대한민국의 전근대성을, 우파의 성공사관은 대한민국의 근대성을 각기 반영한다. 이는 사관의 대립을 넘어서 문명의 대립이다. 한국 좌우대립의 본질은 문명대립이다. 내가 한국 사회의 기본모순을 전근대와 근대의 문명모순으로 보는 이유이다.

대한민국의 운명은 결국 이러한 전근대와 근대의 문명모순을 어떻게 돌파하는가에 달려 있다고 본다. 근대성이 전근대성을 극복할 것인가, 아니면 근대성이 전근대성에 침몰되어버릴 것인가. 대한민국의 운명은 여기에 달려 있다고 본다. 내가 낙관적인 이유는 대한민국 75년의 역사가 정치경제적으로 성공했다고 보기 때문이고 비관적인 이유는 이것이 사회문화적으로 재생산 가능할지에 대해 회의적이기 때문이다. 대한민국의 정치경제적 근대성을 재생산할 사회문화적 근대성이 결여되어 있다고 보기 때문이다. 과연 대한민국의 정치경제적 성공을 뒷받침할 사회문화적 성공을 이루어낼 수 있을까.

영국의 미술평론가 존 버거는 『피카소의 성공과 실패』에서 이렇게 썼다. "제2차 세계대전이 끝난 직후 피카소는 남부에 집을 샀다. 그 대금은 정물화 한 점이었다. 그가 갖고 싶은 것이 무엇이든 그리기만 하면 가질 수 있었다. 이 사실은 미다스왕의 우화와 비슷하다. 미다스의 손길이 닿기만 하면 죄다 황금으로 변했다. 피카소 역시 쓱쓱 선을 긋기만 하면 무엇이든 그의 것이 되었다." 존 버거는 피카소가 천재로 태어나 신동으로 죽었다고 말한다. 그는 신화 속에서 살다간 철부지였다는 것이다. 대한민국 성공사관 역시 신화로 끝나지 않으려면 시지프스의 노력이 뒤따라야 할 것이다. 그것은 대한민국이 미숙한 전근대 문명국가를 넘어서 성숙한 근대 문명국가가 되는 길이다.

참고문헌

강인철, 『시민종교의 탄생』, 성균관대 출판부, 2019.

권혁범, 『민족주의는 죄악인가』, 생각의나무, 2009.

김광동, 『4·19와 5·16』, 기파랑, 2018.

김길자 엮음, 『건국을 기념하지 않는 나라 대한민국』, 옥계출판사, 2013.

김대호, 『윤석열정부와 근대화세력의 미래』, 타임라인, 2024.

김일영, 『건국과 부국』, 기파랑, 2023.

김시덕, 『서울 선언』, 열린책들, 2018.

김용섭, 『동아시아 역사 속의 한국문명의 전환』, 지식산업사, 2015.

김준석, 『근대국가』, 책세상, 2011.

노재봉 외, 『정치학적 대화』, 성신여자대학교 출판부, 2015.

노재봉 외, 『한국 자유민주주의와 그 적들』, 북앤피플, 2018.

류석춘, 『유교와 연고』, 북앤피플, 2020.

모리스 아귈롱, 전수연 옮김, 『마리안느의 투쟁』, 한길사, 2001.

목수현, 『태극기 오얏꽃 무궁화』, 현실문화A, 2021.

박지향, 『근대로의 길』, 세창출판사, 2017.

반성완 편역, 『발터 벤야민의 문예이론』, 민음사, 1983.

성공회대 사회문화연구원 노동사연구소, 「한국 민주화 운동의 전개와 구조」(한국연구재단 연구과제 보고서), 2001.

손우현, 『프랑스를 생각한다』, 기파랑, 2014.

윤평중, 『국가의 철학』, 세창출판사, 2018.

이강호, 『다시 근대화를 생각한다』, 트루스포럼 출판부, 2023.

이상도, 『K-민국』, 좋은땅, 2023.

이 솔, 『이미지란 무엇인가』, 민음사, 2023

이영일, 『건국사 재인식』, 동문선, 2022.

이영훈, 『대한민국 이야기』, 기파랑, 2007.

이영훈 외, 『반일 종족주의』, 미래사, 2019.

이정혜 엮음, 『정치 디자인, 디자인의 정치』, 청어람 미디어, 2006.

이주영 엮음, 『대한민국은 왜 건국을 기념하지 않는가』, 뉴데일리,
    2011.

이희천, 『반대한민국 세력의 비밀이 드러나다』, 도서출판 대추나무,
    2021.

임지현, 『희생자의식 민족주의』, 휴머니스트, 2019.

장은주, 『유교적 근대성의 미래』, 한국학술정보, 2014.

———, 『시민교육이 희망이다』, 피어나, 2017.

조동일, 『동아시아 문명론』, 지식산업사, 2010.

———, 『국사 교과서 논란 넘어서기』, 지식산업사, 2015.

조희연, 『동원된 근대화』, 후마니타스, 2010.

존 버거, 강명구 옮김, 『영상 커뮤니케이션과 사회(Ways of Seeing)』, 나
    남, 1987.

주명철, 『오늘 만나는 프랑스 혁명』, 소나무, 2013.

최 범, 『문제는 근대다』, 기파랑, 2023.

———, 『한국 디자인 뒤집어 보기』, 안그라픽스, 2020.

하효숙, 「1970년대 문화정책을 통해 본 근대성의 의미」, 서강대 석사
    논문, 2000.

함운경·김동규, 『공화주의 솔루션』, 글통, 2024.

이상한 나라, **대한민국**
몸은 한국인, 정신은 조선인

1판 1쇄 발행 | 2024년 8월 15일

지은이 | 최 범
펴낸이 | 안병훈

펴낸곳 | 도서출판 기파랑
등　록 | 2004. 12. 27 제300-2004-204호
주　소 | 서울시 종로구 대학로8가길 56 동숭빌딩 301호　우편번호 03086
전　화 | 02-763-8996 편집부　02-3288-0077 영업마케팅부
팩　스 | 02-763-8936

이메일 | guiparang_b@naver.com
홈페이지 | www.guiparang.com

ⓒ 최 범 2024

ISBN 978-89-6523-493-7　03300